财富是谁创造的，为什么你不能拥有？

Consumerchant

消费商

共享经济时代的财富拥有者

庞博夫 著

内 容 提 要

消费商模式正以燎原之势广泛而深刻地影响多个产业,并且陆续有众多企业引进这种经营策略,为大众创业致富提供一条更为广阔的发展道路。

本书尝试全面系统地解读消费商的定义与内涵,简要梳理消费商从萌芽、产生到成长、壮大的发展历程,挖掘这种模式与这样一个庞大的消费群体在信息时代的商业价值。同时,对当前的消费商模式与典型案例做出分类总结,共九大消费商模式,包括直销、O2O、F2C、共享经济、微商、分享消费体验、消费返利、合伙人、股东股权等。更重要的是,本书教读者如何避开消费商实战中的陷阱,以实用的面貌呈现。翻开本书,可以掌握多家品牌的消费商实战故事、逻辑与方法,让读者都能共享消费商带给这个新时代的红利。

本书适合企业家、中高层管理者、平台运营主管及执行人员、营销主管及执行者、电子商务运营主管及从业者,以及中小型企业负责人,同时还适合跟市场发展、监管相关的公务人员及所有有志于创业成功的普通消费者阅读、参考。

图书在版编目(CIP)数据

消费商 / 庞博夫著. — 北京:北京大学出版社,2018.4
ISBN 978-7-301-29408-6

Ⅰ. ①消… Ⅱ. ①庞… Ⅲ. ①消费文化 — 研究 — 中国 Ⅳ. ①D669.3

中国版本图书馆CIP数据核字(2018)第048972号

书　　　名	消费商 XIAOFEI SHANG
著作责任者	庞博夫　著
责 任 编 辑	尹　毅
标 准 书 号	ISBN 978-7-301-29408-6
出 版 发 行	北京大学出版社
地　　　址	北京市海淀区成府路205号　100871
网　　　址	http://www.pup.cn　新浪微博:@北京大学出版社
电 子 信 箱	pup7@ pup.cn
电　　　话	邮购部62752015　发行部62750672　编辑部62570390
印 　刷 　者	北京大学印刷厂
经 销 者	新华书店
	720毫米×1020毫米　16开本　13.5印张　208千字 2018年4月第1版　2018年4月第1次印刷
印　　　数	1–10000册
定　　　价	58.00元

未经许可,不得以任何方式复制或抄袭本书之部分或全部内容。
版权所有,侵权必究
举报电话: 010-62752024　电子信箱: fd@pup.pku.edu.cn
图书如有印装质量问题,请与出版部联系,电话: 010-62756370

推荐序
PREFACE

借助消费商的力量再给消费经济添一把火

最近几年，消费经济成为热点，诞生了一些新的理论与主张，如消费金融、消费商等，其中又受到共享经济、粉丝经济、电商、新零售等众多创新模式的影响。

消费经济大潮汹涌，背后的动力来自我国消费增长与消费升级的大环境。近些年，我国居民的消费能力明显增强，带动消费需求持续增长、消费升级加速，消费对经济增长的拉动作用有可能超过投资，正在形成消费驱动型的经济。

在宏观层面，我们曾经连续多年强调拉动消费，用了很多办法，效果也是很明显的。以社会消费品零售总额为例，连续4年保持10个以上百分点的增速：2016年，我国社会消费品零售总额33.2316万亿元，同比增长10.4%，占GDP比例为44.7%；2015年，总额是30.0931万亿元，同比名义增长10.7%；2014年，总额是26.2394万亿元，同比名义增长12.0%；2013年是23.781万亿元，同比实增11.5%。

在2016年1月26日中央财经领导小组第十二次会议上，习近平总书记强调，供给侧结构性改革的根本目的是提高社会生产力水平，落实好以人民为中心的发展思想；2017年10月18日，习近平在十九大报告中指出，深化供给侧结构性改革。其实，综合这两年的情况来看，供给侧结构性改革落地涉及了多方面，调整经济结构，使要素实现最优配置，提升经济增长的质量和数量，扩大有效供给，提高供给结构对需求变化的适应性和灵活性，更好地满足广大人民群众的需要。

简单来讲，供给侧结构性改革就是力图通过提高产品、服务等供给质量，给消费者创造更好的体验，为人民创造更好的生活，并没有离开消费这个关键点。

从微观层面来看，一些成长性非常好的企业，以消费者为中心，从消费者的显性需求和隐性需求出发，提供更好的产品，并且采用多种运营策略，如让利给消费者、积累消费者数量、将消费者转化为粉丝、建立各种俱乐部服务消费者、从消费者与粉丝中发展企业的代理商等，同样没有离开消费与消费者这两个支撑点。

同时，我们也能发现，一方面，消费群体、消费需求与消费能力的变化，孵化与催生了大量的机会，如果能够抓住，无论对企业还是个人，都可能享受到新的创富红利；另一方面，这种变化形成了严峻的挑战，如果企业未能成功转型升级、未能牵住消费走向的"牛鼻子"，那么就可能丧失机会。

这些年我调研了很多企业，发现了一个共同点，凡是基业稳固、增长速度保持得比较好的那些品牌，往往在理解消费需求、掌握消费变化和消费者运营这些方面做得很好。很多企业家、创业者在一线实践，摸索了不少创新的消费者运营经验与模式，但是，在大胆创新的道路上，也遇到了许多问题，走了很多弯路，还有很多企业没有找准激活消费、运营消费者的方向。

庞博夫的《消费商》一书出版得非常及时，我看完了所有的内容，觉得有几点写得很好——

一是他用"消费商"这个名称定义那些运营消费者的组织与个体，而且重新给消费者们赋能，认为大家既可以做消费者，又可以扮演经营者的角色，厘清了消费商的概念，并且解读了消费商的具体内涵，让我们对消费商有了全面的认识。

更难能可贵的是，庞博夫对市场上的一些错误做法做了纠正，对一些欺骗性的陷阱做了分析，在一定程度上能够帮助企业与消费商少走弯路、少走错路，为他们提供一种合规化、合理化的经营选择。

二是在观念与理论层面，他有很多新鲜的主张，用一句时髦的话来讲，就是"让人脑洞大开"，让人耳目一新。比如，他认为人们对于自己创造的财富，都应该享有知情权、话语权和分配权；他认为科学技术是解决人类不平等矛盾的强大推动力量。他还强调，我们生产、销售、经营的产品必须是人民需要的、满意的、可参与的，要坚持人民创造为人民的宗旨，这样才能够持续赢得消费者的认可，赢得市场份额。

三是他提出了非常具有实践性的做法，可以落地到企业的具体经营环境，比如，他根据消费商的实际需求与现实情况，梳理出了九大消费商模式，对企业很有用处。另外，他总结了不少经验技巧，如搭建消费商平台与系统的方法、如何设计消费商运营机制、如何扩大与激活消费商群体、如何借助消费商运营突围市场困境等，相信很多"在路上"的企业都需要这样的指南。

还有就是本书针对消费商个体，即直销人员、微商人员、兼职推广人员和广大的消费者，分析讲解应该掌握哪些消费商能力、如何提高业务拓展与客户开发水平等，相信能够帮助很多正在消费商道路上探索的人。

教授，博导

北京师范大学政府管理研究院院长　唐任伍

浙江师范大学经济与管理学院院长

中国电子商务协会消费金融专业委员会特聘经济学家

前言
FOREWORD

消费商领舞的时代已然到来。

作为消费者,在以往的生产消费环节中所扮演的消费角色将得以转变,升级成为消费商,你,我,他,都可能成为其中的一员,既是消费者,又是经营者。

目前社会上部分企业和个人大肆冒用、盗用、断章取义地借用消费商的名义展开宣传,误导了广大消费者的消费行为,也破坏性地侵犯了消费者的合法权益,导致人们对消费商产生了严重的误解,并呈现愈演愈烈的态势。

基于上述情况,笔者将在本书中详细解读消费商及其运营模式。此处,笔者先简明扼要地说明什么是消费商,试给消费商下一个定义,让大家对这个群体的画像有一个比较清晰的认识。消费商就是:消费者因喜爱某种行业或者商品,导致重复的购买或者独立的经营行为,并最终成为经营消费和消费人群的人。他必须是一个认可企业产品质量和价值观的消费者,对某企业的产品产生持续的消费,进而产生分享的基础和动力。在获得合法经营主体的基础上,可以与企业签订合作协议,成为经销商、合伙人等,然后展开经营推广工作,使企业与消费者之间产生更牢固的黏性关系,从而使自己成为合法的消费商,经营消费者与消费群体,与企业共享成果。

多种迹象表明,在眼下的信息经济时代,经济活动必须以消费者为核心,如果信任你的消费者变成消费商,那将爆发出更大的力量。

那么,作为一名消费者,如何积极参与财富分配,成为一名消费商呢?

作为一个有眼光和能力的消费者,可以考虑把自己身边的消费者组织起来,采用各种合理合法的策略,带领大家一起与生产商共享财富分配。因为发动、组织、运营与管理了消费者,激活了身边的消费需求,所以付出劳动之后就可能产生收益。当然,需要注意的是,不是所有消费商都能成功,收益的高低还取决于自身能力与对事情的坚持。

从消费者的立场来讲,消费者和消费商在观念上应该能够达成共识,行动上应该采取合作。因为曾经有无数的生产商和流通商,联合起来将消费者的钱掏走,只留下价高值低,甚至低质伪劣的产品,一次次伤害消费者的购买欲望。而真正的消费商,他们自己先消费,觉得好,再推荐分享给其他人,自然挤压了假冒伪劣商品的生存空间。一个明显的现象是,部分消费者正在从分散走向联合,比如联合发表意见、以集体的形式参与团购、联合发起定制需求等。作为一名消费者,如果你不主动去团结别人,主动成为发起人或召集人,那么,别人就可能来团结你、发动你加入对方的团队,别人就可能拥有更大的机会成为一名成功的消费商。

作为企业,我们又该如何拥有、发展与扩大一支强壮的消费商队伍?激活消费商的能量、管理与规范消费商的经营行为,成为企业经营方式的一大改进方向。试想,一支拥有几十万甚至上百万消费商的团队,企业自然愿意分享与推荐企业的产品,愿意组织力量去推销,其爆发的力量可想而知。另外,能否将消费商的运营约束在合法、合理、合情的范围内,能否确保消费商体系在正常的轨道内运营,同样考验我们的运营能力与选择的运营策略。

《消费商》一方面从资本的本质和产生的源头,阐述资本独占—转化—共享的必然过程;另一方面,力图帮助企业建立起有效、合规与合法的消费商运营体系,帮助消费商群体提升市场开发能力和业务洽谈水平。

特别说明的是,本书案例系作者通过第三方的线上线下调研、资料收集整理进行专业分析,本书观点仅代表作者本人,其目的是研究消费商。本书在编撰过程中,参考借鉴了一些学者、专家、机构的研究、实践成果,在此表示真诚的感谢。请相关版权所有人通过邮箱(158950711@qq.com)联系我们,以便致奉谢意和薄酬。如需对本书内容提出意见或建议,也请通过邮箱与我们取得联系,以便在图书再版的时候进行调整和完善。

目 录
CONTENTS

第一章 前消费商时代：从人民力量的激活到梭伦改革 // 1
 第一节 劳动的演变与人类的发展、生产力的提升 // 2
 第二节 消费商的希望：发现与激活人民力量 // 8
 第三节 梭伦改革：2000多年前激活个人力量的努力 // 11

第二章 消费商的萌芽、孵化与发展：从农业经济时代到信息经济时代 // 16
 第一节 从时代大背景分析消费商的大潮来袭 // 17
 第二节 资本与知识，培植起消费商成长的沃土 // 19
 第三节 互联网带来的引爆效应 // 27

第三章 认识消费商：他们是谁？他们的价值 // 39
 第一节 什么是消费商：概念解读与演变 // 40
 第二节 理解消费商模式，请先洞察消费者与文化 // 44
 第三节 消费商的 PDCA 循环 // 49
 第四节 消费商的用武之地：价值思考 // 51

第四章 解读消费商九大模式 // 55

  第一节　直销模式 // 56
  第二节　O2O 模式 // 61
  第三节　F2C 与 C2B 模式 // 63
  第四节　共享经济模式 // 65
  第五节　微商模式 // 68
  第六节　分享消费体验模式 // 73
  第七节　消费返利模式 // 75
  第八节　合伙人模式 // 78
  第九节　消费商股东股权模式 // 80

第五章 消费商平台搭建与模式落地 // 83

  第一节　搞清楚一个问题：为什么要上马消费商 // 84
  第二节　消费商运营的平台与系统搭建 // 91
  第三节　直销：打响消费商第一枪 // 93
  第四节　借消费商之力支援渠道商、提升渠道竞争力 // 100
  第五节　微商：消费商的新打法 // 104
  第六节　粉丝运营实战：消费商的高级阶段 // 111
  第七节　破局之剑：企业如何发展与运营消费商 // 118
  第八节　给消费商一个未来：如何持续开发业务 // 126

第六章 消费商的冰与火 // 131

　　第一节　消费商实战的道路上，埋了哪些坑 // 132
　　第二节　可持续的消费商理念应该是怎样的 // 138
　　第三节　消费商企业与从业群体的自我修炼 // 141

第七章 站在经济学的高度，理解与运用消费商 // 146

　　第一节　营"消"：对资源的最大化利用及对经济危机的化解 // 147
　　第二节　站在微观经济学的角度看消费商 // 151
　　第三节　消费商价值的经济学演算 // 154

第八章 消费商引发的消费心理与消费行为变局 // 162

　　第一节　消费的社会性及其心理特征 // 163
　　第二节　移动互联网改变消费方式 // 167
　　第三节　重新定义和理解消费心理、消费行为 // 172

第九章	抓住新风口，消费商掘金注意力与影响力经济 // 176

　　第一节　管窥注意力与影响力经济学 // 177
　　第二节　如何共享注意力与影响力经济的红利 // 180

第十章	新经济与共享经济带给消费商的动力 // 184

　　第一节　新经济、共享经济的繁荣 // 185
　　第二节　共享发展红利 // 192
　　第三节　从案例中看消费商与分享经济 // 196

第一章　前消费商时代：从人民力量的激活到梭伦改革

　　从本质上讲，消费商时代的到来、消费商群体的扩大，离不开一个关键的前提——个人力量的激活，换句话说，就是人民力量的激活。笔者在这里划出了一个前消费商时代，也就是消费商意识还处于朦胧期时，无论是人类的进化与发展、劳动的演变、生产力的提升，还是多种社会变革，其实都是在积累消费商爆发的能量。

第一节　劳动的演变与人类的发展、生产力的提升

我们谈消费商的历史、现在与未来，有一个关键因素不能忽略，就是它的力量之源——劳动。消费商本身既是消费者，又是劳动者、推广者、销售者，这个群体的价值与成长，离不开劳动。

在深入理解消费商与运用消费商这件事情上，让我们先来回顾劳动的演变历程与人类经历劳动磨砺、组织、人与人之间关系的过程，这可以拓宽我们的视野，让我们认识到让消费者转化为消费商是有坚实基础的，那就是"劳动、组织与关系"。

人类社会的生存及发展，必须依赖于大量物质资料的生产，有了这些物质生活资料，人类社会才能生存和发展下去。但这些社会物质财富，是劳动人民在生产过程中创造的。劳动人民在生产实践中不断积累生产经验，改进生产工具和生产技术，从而推动了生产力的发展。

在写这本书的时候，笔者发现，在扮演消费者的过程中，劳动人民通过劳动创造收入，购买所需的物质资料。如果进化到消费商阶段，对生产力的贡献更加明显，大量消费者参与到企业的经营中，无疑会推动企业的发展。

追溯到几千年前，会有一些更有意思的发现。在旧石器时代，人类通常是通过采摘果实、狩猎或捕捞获取食物。当时人类进一步懂得利用山洞或部分地群居在树上，以一些植物的果实和根茎为食物，并且集体捕猎野兔山鸡、捕捞水中的鱼蚌作为食物。

随后在旧石器时代早期和中期，人们通过血缘关系维持着家族内部的关系。在一个家族之中，婚姻按照辈数来划分，同一辈分的男女互为夫妻。这样一个家族就是一个社会集团和生产单位。家族两性有分工，男性狩猎，女性进行采集和抚育小孩。

从古代的文献中，依稀可以寻觅到远古时代树居和采集的影子。从旧石器时代晚期到中石器时代，人类的生活特点就是洞居或巢居、采集和狩猎。

随着生产力的提升，人类开始有了相对固定的生活区域。人口逐渐增多，人类慢慢认识到家族内部通婚对后代的危害，原始人群为氏族公社所取代，同时形成了族外婚制。一个氏族的成员和另一氏族的成员通婚，互相通婚的两个氏族就形成了部落。母系血统成为维系氏族存在的纽带。在这种情况下，孩子只知有其母不知有其父，氏族社会财产只能按母系计算，所以叫作母系氏族。（母系氏族和父系氏族的形成背后，其中一个重要的影响因素是生产中谁发挥的作用更大。）

到了中石器时代，人们劳作时以石器为代表工具，能广泛使用弓箭，已知驯养狗，在一些地方还发现了独木舟和木桨。

而新石器时代有了更多的变化，人们掌握的劳动工具更丰富、更先进，如以磨制的石斧、石锛、石凿和石铲等为工具，还有琢制的磨盘和打制的石锤、石片、石器等。在新石器时代，母系氏族进入了全盛时期。婚姻制度由群婚转向对偶婚，形成了比较确定的夫妻关系。在氏族内部，除个人常用的工具外，所有的财产归集体公有。氏族首领由有威望的年长妇女担任，氏族的最高权力机关是氏族议事会，参加者是全体成年男女，他们享有平等的表决权。每个氏族都有自己独特的名称、共同的宗教节日和领地。当氏族内部的成员受到外人伤害时，全族会为他复仇。

在新石器时代，产生了农业和畜牧业，发明了陶器。世界各个地区的发展道路很不相同，有的地方没有陶器。有的地方在一万多年以前就已出现陶器，却迟迟没有农业的痕迹。

随着生产力的发展，劳动成果出现了剩余，集体劳动逐渐被个体劳动所取代，由此产生了私有制，随之也出现了阶级——贵族阶层和平民阶层。到了原始社会末期，以血缘关系结成的氏族开始破裂，一些氏族成员脱离自己的氏族，和那些没有血缘关系的人杂居，同时氏族也不断接纳外来人，逐步形成了由地域关系所组成的农村公社。

到了这个时候，原始社会基本上就已经瓦解了，不同阶级之间出现了斗争，随着阶级斗争的深化就出现了国家，来对人民进行有效的统治。许多文明程度较高的原始社会解体后都进入了奴隶社会。

到新石器时代末期，人类已使用天然金属，后来学会了制作纯铜器。但是由于纯铜的质地不如石器坚硬，不能取代石器，到了公元前3000年至公元前2000年，人类学会了制造青铜器，也就是我们所说的"青铜时代"。

到了公元前1000年至公元初年，铁器出现，与之相应的"铁器时代"大门打开。中国商代中期就已开始用铁，西周晚期则是铁铜石并用。

这一时期，生产力有较大发展，并且出现了新的社会大分工。在生产过程中，随着农业和畜牧业地位的不断提升，男性逐渐取代女性取得了社会的主导地位，父系氏族公社形成了。在父系氏族公社内，出身和世系按男子的系统计算，实行父系财产继承制。夫居妇家制度变成了妇居夫家制度，不稳定的对偶婚逐步向一夫一妻制或一夫多妻制过渡。妇女的地位逐渐下降，氏族首领改由男子担任，氏族议事会由各大家族的族长组成，原来由全体成年男女参加的氏族议事会，如今由全体成年男子参加。

真正带来人类生产力大发展的应该是蒸汽时代，也就是工业革命，它在18世纪60年代从英国萌芽，19世纪初向外扩展，一直到19世纪70年代完成，它的标志事件是蒸汽机的发明和应用。

这一时期出现了很多用于提升生产力的机器，如珍妮纺纱机，增加了棉纱产量，此后又出现了骡机、水利织布机等机器；在采煤、冶金等工业领域，陆续有了机器生产；1785年，瓦特制成的改良型蒸汽机投入使用，提供了更加便利的动力。另外，抽水马桶、平版印刷术、螺丝切削机床、富尔顿蒸汽轮船、科尔尼锅炉、矿工灯等机器也相继研制成功。

随着机器生产逐渐取代手工操作，一种新型的生产组织形式——资产阶级工厂诞生了，到1840年前后，英国的大机器生产已基本取代了工厂手工业生产，工业革命基本完成，英国成为世界上第一个工业国家。

更富有想象力的是电气时代，也就是第二次工业革命，今天所使用的电灯、电话都是在这次变革中被发明出来的。在19世纪80年代中期，德国发明家卡尔·本茨提出了轻内燃发动机的设计，引发了交通运输领域的革命性变革。

19世纪晚期，新型的交通工具汽车出现了。德国人卡尔·本茨成功地制成了第一辆用汽油内燃机驱动的汽车。1896年，美国人亨利·福特制造出他的第一辆四轮汽车，接着，许多国家开始建立汽车工业。随后，以内燃机为动力的内燃机车、远洋轮船、飞机等纷纷涌现。

颇有影响力的事件是，1903年12月17日，美国莱特兄弟制造的飞机试飞成功，实现了人类翱翔天空的梦想。当然，事情远远不止这些，内燃机的发明推动了石油开采业的发展和石油化学工业的产生，以1870年为例，全世界开采的石油只有80万吨，到了1900年，猛增至2000万吨。

另一个革命性的发明是伏打电堆，它能够产生持续的直流电。之后许多科学家不断投入研究，推动电气时代的到来。例如，英国科学家法拉第发现了电磁感应现象，找到了打开电能宝库大门的钥匙，19世纪70年代，电力作为新能源进入生产领域。

此后还有原子时代、信息时代，前者跟原子能相关，一克的铀裂变后产生的能量相当于燃烧3吨煤或200升油所放出的能量，其爆炸力相当于20吨TNT炸药。在1942年12月2日，以费米为首的一批美国科学家建造了第一座原子反应堆，它坐落在美国芝加哥大学的校园里，人们利用原子能的时代从此开始。而信息时代来自计算机与互联网的发明应用，把信息对整个社会的影响提高到非常重要的地位，信息量、信息传播的速度、信息处理的速度及应用信息的程度等都在以几何级数的方式增长。

在这个时期，信息技术、生物工程技术、新材料技术、海洋技术、空间技术等都取得了突飞猛进的发展，如人造卫星升空、宇宙飞船登月、机器人投入使用、人工智能出现、互联网经济成主导等。

在几个时代的演绎中，我们发现，人的力量不断被激活、不断被放大，所释放的威力可以说越来越强悍。

我们在回顾这段人民力量的激活史上，除了劳动、组织与关系的变化外，还得提到几个关键的事件，如文字的发明、工具的进化、居住条件的改善等，这些都是人类为了改善自己的生活条件，而不断发挥主观能动性完成的。

在原始社会时期，人类其实就创造了象形文字，产生了原始宗教和图腾崇拜。象形文字是由图画文字演化而来的，是一种原始的字体，图画性质减弱，象征性质增强。这些文字与其所代表的东西在形状上很相似。

尽管汉字仍然保留象形文字的特点，但由于汉字除了象形之外，还有其他构成方式，而且亦在某种程度上表示会意、形声等；而汉字经过数千年的演变，已与原来的形象相去甚远，所以不属于象形文字，而属于表意文字。然而，甲骨文也算是象形文字，玛雅文字的"头字体"和"几何体"亦是。

再看劳动工具的变化，石器这里就不说了，陶器出现于新石器时代，人类第一次利用天然物，按照自己的想象创造出崭新的东西。人们把黏土加水混合后，制成各种器物，干燥后经火焙烧，发生质的变化，形成陶器。它揭开了人类利用自然、改造自然的新篇章，具有重大的划时代意义。

最早的青铜器出现于 6000 年前的古巴比伦两河流域。苏美尔文明时期的雕塑有狮子形象的大型铜刀是早期青铜器的代表。中国青铜器制作精美，在世界各地青铜器中享有极高的声誉和艺术价值，它们代表着中国 4000 多年青铜发展的高超技术与文化。

之后铁器、蒸汽机、电、计算机等越来越先进的工具出现，表现出了人类的高级智慧。其实在消费商大爆发的互联网时代，又何尝离开过先进工具的使用。

我们再看人类的创造，以纺织为例，世界各地开始出现纺织业的时间有早有晚。大约公元前 5000 年，已经开始了纺织生产。世界各文明发祥地就地取材，例如，北非尼罗河流域居民利用亚麻纺织；中国黄河、长江流域居民利用葛、麻纺织；南亚印度河流域居民和南美印加帝国人民均已利用棉花纺织；小亚细亚地区已有羊毛纺织。

根据考古资料显示，中国纺织生产习俗，大约在旧石器时代晚期已见萌芽，距今约 2 万年的北京山顶洞人已学会利用骨针来缝制苇、皮衣服。

这种原始的缝纫可以说是原始纺织的发轫,而真正纺织技术和习俗的诞生流行当在新石器时期。

居住条件的改变,更能反映人民力量的激活与劳动改变命运的现实,原始人类为避寒暑风雨,防虫蛇猛兽,居住在山洞中或树上,这就是所谓的"穴居"和"巢居"(树上筑巢)。经过不断进化,古人开始建造房屋。据考古发掘证明,我国最早的房屋建筑产生于距今约六七千年前的新石器时代。当时的房屋主要有以下两种。

(1)以陕西西安半坡遗址为代表的北方建筑模式——半地穴式房屋和地面房屋。半地穴式房屋多圆形,地穴有深有浅,以坑壁作墙基或墙壁;坑上搭架屋顶,顶上抹草泥土;有的四壁和屋室中间还立有木柱支撑屋顶。

(2)以浙江余姚河姆渡遗址为代表的长江流域及以南地区的建筑模式——干栏式建筑。一般是用竖立的木桩或竹桩构成高出地面的底架,底架上有大小梁木承托的悬空的地板,其上用竹木、茅草等建造住房。干栏式建筑上面住人,下面饲养牲畜。

几乎各个历史发展阶段,人类居住的条件都在变化,中国古人创造了非常辉煌的建筑奇迹,包括我们居住的房子,很多都是当今设计师获取灵感的对象。例如,现存的高达67.31米的山西应县佛宫寺木塔,是世界现存最高的木结构建筑;北京明、清两代的故宫,则是世界上现存规模最大、建筑精美、保存完整的大规模建筑群;我国的古典园林,具有独特的艺术风格,是中国文化遗产中的明珠。一直到今天的钢筋混凝土摩天大楼,同样有众多杰作问世。

从浩瀚漫长的历史可以看出,生产力发展的逻辑、劳动的变化,以及人这个群体的发展,从来没有停止过前进的步伐。之前的积累,其实都是为今天的创造做铺垫。

第二节　消费商的希望：发现与激活人民力量

理解"人民"的含义，尤其是掌握激活人民力量的办法，对发展与运营消费商会很有帮助，毕竟消费商是人民群众的一个构成部分。从人民这个词，或者说这个群体的演变历史中，我们可以发现一些可资借鉴的东西。

"人民"作为一个词，在中国出现得很早。最早可见于《诗·大雅·抑》："质尔人民，谨尔侯度，用戒不虞。"至秦汉用得已经比较多了，如《韩非子·五蠹》："上古之世，人民少而禽兽众。"西汉司马迁的《史记·货殖列传》中有一句，说山西、山东、江南、塞北所产的特产，"皆中国人民所喜好"。

在现代社会，"人民"一词是伴随着国家主权归属于谁这个宪政问题而引出的。法国启蒙思想家、哲学家卢梭，在他的《社会契约论》一书中提出"人民主权"学说。并在论述该主题时，提出"人民"一词。卢梭以《社会契约论》为基础，认为国家是人们订立契约组成的，大家须服从公意。所以公意就是最高权力即主权。主权应属于人民，有不可转让性和不可分割性。其实现在消费商理论里强调的"消费主权"与人民主权很相似。

北美《独立宣言》和法国《人权宣言》继承和发展了"人民主权学说"，提出了资产阶级的"民有、民治、民享"三民主义的宪法主权思想。由此可在一定程度上说，"人民"一词早期的意思应该是一国之内的民众。

俄国十月革命以后，"人民"一词便带有鲜明的政治意义而广泛使用了。1917年11月7日至9日，在全俄苏维埃第二次代表大会上，苏维埃政府宣告成立。这次大会决定，在立宪会议召开之前，先成立一个临时的苏维埃政府来管理国家，为区别旧政府，取名为人民委员会。大会通过了列宁起草的《告工人、士兵和农民书》，代表大会决定：全部地方政权一律转归当地的工兵农代表苏维埃。

再看国内，1945年4月24日，毛泽东在中国共产党第七次全国代表大会上总结抗日战争的历史经验和抗日解放区建设经验时鲜明地提出了

"人民，只有人民，才是创造世界历史的动力"的历史唯物主义的论断。

当然，在人民群众的基础上，英雄人物并没有被忽略。唯物史观在指出人民群众是创造历史的动力的基础上，也高度评价了英雄人物对促进历史发展的作用。无产阶级的革命事业，也需要有自己的伟大领袖，领导无产阶级和广大劳动人民走向正确的道路。但是，任何英雄人物要建立起自己的丰功伟业，都需要顺应当时的历史趋势和社会发展状况，并团结广大人民的力量。

我们现在讲的消费商，在一些实力比较强的企业，尤其是直销领域，动辄都有几十万直销员。例如，据2015年的数据，安利（中国）日用品有限公司的直销员超过了155万，玫琳凯（中国）化妆品有限公司有60多万直销员，这是很庞大的队伍，但不可否认的是，其中的活跃直销员才是业绩的决定性因素，但他们的高业绩，又必须依靠广大的基层直销员。

历史发展进程中，正是人民力量得以激活，才创造出了众多成就，可以说，人民群众是物质财富的创造者；人民群众是社会精神财富的创造者；人民群众是社会变革的决定力量；人民群众既是先进生产力和先进文化的创造主体，也是实现自身利益的根本力量。

在我国历史上，见证人民力量的大事件有很多。例如，强大的封建王朝——秦朝的崩溃过程中，农民起义领袖陈胜、吴广无疑起了巨大的作用。他们之所以能起到这样的作用，归根结底还是因为广大农民群众对秦王朝贵族地主阶级的横征暴敛、残酷剥削和压迫忍无可忍，产生了奋起反抗的迫切要求。

在这样的形势下，陈胜和吴广揭竿而起，一呼百应，点燃农民起义的熊熊烈火，严重打击了秦王朝的统治。没有秦王朝社会危机的潜伏，没有广大农民反抗的迫切要求，任何一个孤立的能人也掀不起那样声势浩大的农民运动，推动不了历史的发展。

在随后的封建统治时期，每一个朝代的更替，基本上都是底层民众力量的激活与唤醒。例如，李渊发动起义，推翻隋朝，一统天下；赵匡胤黄袍加身发动陈桥兵变，建立宋朝，统一南北；等等。他们除了善于用能人之外，同样离不开团结人民的力量。

抗日战争期间，虽然刚开始由于武器装备条件等悬殊，我方抗战形势举步维艰，但到中后期，中国人民联合起来建立抗战统一战线迸发出势不可当的力量。地不分南北、人不分老幼，共御外侮、共赴国难；有钱出钱、有力出力，万众一心、众志成城。最终取得了抗日战争的胜利。

中华人民共和国成立之后，人民的力量在各个领域得以激活并迸发。从 1978 年安徽省凤阳县梨园公社小岗村 18 位农民分田到户，到 1992 年 12 万公务员辞职下海、1000 多万公务员停薪留职，以及众多普通民众在各个领域里经营小买卖，再到互联网大潮来袭，各路英才迈入新经济舞台。每一个特定的时代，人民力量都有特定的表现。

十九大报告指出："人民是历史的创造者，是决定党和国家前途命运的根本力量。"同时，随着社会的发展，对于在社会变革中出现的新的社会阶层的劳动者要团结，对他们的创业精神要鼓励，对他们的合法权益要保护，对他们中的优秀分子要表彰，以利于形成全体人民各尽其能、各得其所而又和谐相处的局面。

与以往不同的是，知识分子被放到了更高的地位，知识分子被认为是推动经济社会发展和文明进步的重要力量，是衡量一个国家综合国力的重要因素。党的十八大以来，习近平总书记多次就人才工作发表重要讲话。在 2017 年 3 月召开的全国政协十二届五次会议上，习总书记在看望参加政协会议的民进、农工党、九三学社委员时再次强调，知识分子要主动担当、积极作为，为国家富强、民族振兴、人民幸福多做贡献。

人民创造历史，劳动成就梦想。劳动是人类的本质活动，是推动社会进步的根本力量。中华民族的辉煌历史，当今中国取得的世界瞩目的伟大成就，都是勤劳智慧的中国人民用辛勤的劳动和创造托起的。正是亿万劳动群众胼手胝足、拼搏奉献，以发展进步为己任，与时代发展同步伐，才推动中国这艘航船不断靠近梦想的彼岸。中华民族阔步前进的每一个坚实脚步，都凝结着亿万劳动群众的心血和汗水。

也正是因为对人民力量的激活与团结，才创造了一个又一个奇迹。而消费商正是基于人民群众产生的，是人民群众的一部分，如何发现他们、发展他们、激活他们的潜能，贯穿于我们所有的消费商工作。

第三节　梭伦改革：2000多年前激活个人力量的努力

消费商这个词虽然近几年才被提出来，但想办法激活个人潜能的做法，可以追溯至公元前594年的古希腊时期，雅典的首席执政官梭伦曾经发起过一项变革，极大地激活了个人力量，这就是历史上有名的"梭伦改革"。

在梭伦进行改革前，雅典农民的境况是极其艰苦的，借了财主的债若还不清，财主就会在借债者的土地上竖起债务碑石，借债者就会沦为"六一汉"——他们为财主做工，收成的六分之五给财主，自己只有六分之一。如果收成不够缴纳利息，财主便有权在一年后把欠债的农民及其妻、子变卖为奴。

当农民和奴隶越来越多的时候，城邦的税收就不可能单纯依靠少数的财主富人来完成了，而且另一个以强悍凶猛著称的族群斯巴达人正在对雅典城构成威胁，也不能依靠少数的财主富人去打仗。为此，"梭伦改革"的必要条件诞生了。

公元前594年，雅典人找到梭伦，希望他来担任首席执政官，调解已经白热化的穷人和富人之间的冲突。当时贫富悬殊，许多穷人不仅自身贫穷，还欠下富人的许多债，还不起债的穷人有一些按契约成为"债务奴隶"，有一些则被迫逃亡异地，民怨沸腾。愤怒的穷人希望平分富人的土地和财富；而富人却不愿意放弃自己得到的任何利益。激烈的冲突似乎已不可避免，一旦陷入内战则可能倾覆城邦。

据史料记载，公元前594年的一个清晨，古城雅典的中心广场上聚集了成千上万的农民、手工业者和新兴的工商业奴隶主。兴致勃勃的人们正急切地等待着一个重要时刻的到来：新上任的首席执政官梭伦将在此宣布一项重要的法律。

只见梭伦在众人的注视下大步登上讲坛，环顾四周，径直走到一个大木框前。此时，嘈杂的会场立时变得鸦雀无声，人们凝神屏息，视线随着梭伦不约而同地投向了那个大木框。

梭伦用手一拨，将架在木框中的木板翻转过来，刻在木板上的新法律条文便呈现在人们面前。梭伦高声宣读了这项旨在打击没落氏族贵族、促进奴隶制经济发展的法律"解负令"，由于欠债而卖身为奴的公民，一律释放；所有债契全部废除，被抵掉的土地归还原主，因欠债而被卖到外邦做奴隶的公民，由城邦拨款赎回。他甚至宣告："此法律的有效期为一百年。"

梭伦还采取了许多鼓励手工业和商业发展的措施，如除自给有余的橄榄油外，禁止任何农副产品出口；凡雅典公民，必须让儿子学会一种手艺；奖励有技术的手工业者移居雅典，给予其公民权；改革币制；确定私有财产继承自由的原则等。梭伦制定的这一系列法律条文均刻在木板或石板上，镶在可转动的长方形框子里。

改革后，广大平民摆脱了沦为奴隶的厄运，那些因欠债而被卖到异邦的人由国家出资赎回了。正如梭伦在诗中所写的，他拔掉了竖在被抵押的土地上的债权碑。梭伦因此受到了广大平民的爱戴。

在政治方面，梭伦废除世袭贵族的垄断权利，不再以出身而是以财产的数量来划分公民等级。按一年农产品收入的总量把公民分为4个等级（按年收入的谷物等产品的数量分别列为500斗、300斗、200斗和200斗以下四级），各等级的政治权利依其财力之大小而定。

第一等级的公民可担任一切官职；第二等级的公民可担任除司库（即财政官，一种执政官）以外的高级官职；第三等级的公民可担任低级官职；第四等级的公民不能担任公职，但有权参加公民大会和民众法庭。

同时，不同的等级所尽义务也有差别。例如，在军事义务方面，第一、第二等级提供骑兵，自备军械、军装和马匹。第三等级提供重装步兵，他们自备军械和军装,但无须提供马匹。前三个等级是构成雅典军队的主要力量。第四等级主要是充当轻装步兵和一般水手,不用自带军备,只带棍棒。

"梭伦改革"后,雅典城邦设立"四百人会议"为公民大会的常设机构,也即当时的最高行政机关。四百人会议由4个部落各选100人组成,除了第四等级外,其他登记公民皆可当选。此外,还设立陪审法庭(也译为民众法庭,相当于最高法院),作为最高司法机关,任何公民都有权上诉。陪审法庭的陪审员由所有等级的公民经抽签方式选出。陪审法庭受理并裁决公民投诉或上诉的案件,扩大了公民的权利;制定新法典取代德拉古(古希腊政治家,立法者,曾在统治雅典时期,写出一部较为残酷的法典,规定所有罪行均处死刑)的严酷法律,只保留了其中有关杀人罪的惩处部分,为整个雅典法增添了人道色彩。

身为雅典的首席执政官,梭伦无法守成而只能改革,在夹缝中的改革应该说是很不容易的,但他成功了,不仅使雅典走出了困境,还奠定了雅典此后近两百年繁荣兴盛的根基。

梭伦没有满足平民的平分财产的要求,但下令取消当时所有的公私债务,这样,至少使当时的穷困者不再负担任何债务;同时不仅废除了"债务奴隶",也禁止今后任何以人身为担保的借贷,这就防止了自由公民分化成主奴两个阶级。富人的借贷收不回来,财富当然要"缩水",但他们已握在自己手中的财富却没有被剥夺。

梭伦坚守中道是因为他对人性有一种透彻的认识。他在改革中虽然帮助穷人,但并不赋予穷人和富人任何一方以道德上的优越性,他不讨好任何一方。他知道富人固然常常是"为富不仁",但穷人占有了财富同样也可能如此。

他在自己的诗中写道:"自由不可太多,强迫也不应过分;富厚如属于没有教养的人们,厌足就要滋生不逊。"所以,"我拿着一只大盾,保护两方,不让任何一方不公正地占据优势"。在今天看来,他的哪怕是暂时废除信贷的经济措施对现代市场社会来说都可能会是过于激进乃至灾难性的,而他的人分四等的政治主张在现代人看来又是过于保守乃至不平等的,但他的改革在当时的情势下却不失为中道之举，因为重要的是其间所贯注的中道精神。最为突出的是，梭伦将个人的力量发挥到极致，又使权力立足于法律并让社会重归法治。

梭伦改革既不迁就贵族，也不偏袒平民，收入最少的第四等级不享有担任政府官职和参选"四百人会议"的权利。这种中立政策未能彻底化解社会矛盾，但改革在一定程度上改变了贵族专权的局面，促进了雅典民主政治和商品经济的发展。通过这些改革，使雅典贫苦公民摆脱了遭受债务奴役的威胁，打击了贵族统治，使城邦体制更加巩固。同时，梭伦通过规定公民个人占有土地的最高限额，防止了土地的过分集中，使城邦体制得到健康发展，民主政治也发展起来。保护和促进工商业的措施又使工商奴隶主的地位迅速上升，奴隶制经济开始走向繁荣。

梭伦改革是雅典城邦历史发展中的重要里程碑，奠定了雅典民主政治的基础，有助于工商业发展，调整了公民集体内不同阶层之间的利益关系，使自身从事劳动的中、小所有者公民在经济、政治和社会上的地位得以保证。

在那个时代，梭伦的做法可以说是颠覆式的，赋予了公民更多的权利，激活了大量平民的热情，让普通公民学习手工技术等，进一步提高了生产力，这种对个体力量的关注，其实正是消费商运营要做的事情。

2000多年前的"梭伦改革"，跟消费商实践能发生什么关系？二者的共同点在于它们都在想办法激活更多人参加生产的激情，爆发出更大的潜能，同时保障那些付出劳动的人能够获得回报。

不过，本书中所讲的消费商，针对的是消费者，激活的是消费者的能力，目标是让普通的消费者也能通过争取掌握新的能力，提高营销水平，进而获得更多的收入，实现企业与从业者的共赢。

换句话说，我们现在提倡与推行消费商，无论是作为企业，引入消费商模式，发展消费商团队，展开消费商营销策略，还是作为个人，成为一名专职或兼职的消费商从业者，其实都有一条主线，那就是激发出更多人的潜能，让更多人参与到业务经营中来。

在当时文明并不发达的时代，梭伦想到的做法是，烧毁契债，解放奴隶，赋予公民更多的权利，尤其是将注意力放到平民的身上，让普通公民去学习手工技术，这在一定程度上保障了劳动者的收益回报，力争用规则保障社会的正常运行。他的改革，完全可以看成是用相对平等的公民制度来激活民众力量、发动全民劳动积极性的努力，只不过他是从当时摇摇欲坠的政权角度出发，是为了对付斯巴达而被迫实行的改革。

而 2000 多年后，我们努力推行的消费商模式，何尝不是激活普通民众创业热情、增加基层群众创收渠道的一种努力。消费商的核心价值就在于：赋予权。消费商理论主张赋权于普通人，让他们去创造各种服务、产品、经历以及活动。彼此通过被赋权得到彼此需要的东西。

从根本上说，消费商就是有关赋予知情权、话语权和分配权的经济模式。而消费商企业平台赋权让人们去实现自己的梦想，实现自己的价值，这就使人们能够更加自由地选择自己的生活方式和目标，自由地安排时间、精力。

第二章　消费商的萌芽、孵化与发展：从农业经济时代到信息经济时代

在农业经济时代，经济活动以土地为核心，地主掌握着大量财富；在工业经济时代，呈现短缺经济的特征，经济活动以产品为核心，企业家成为人们羡慕的对象；在后工业经济时代，也就是到了过剩经济的时代，经济活动以渠道为核心，中间商（如沃尔玛、国美等）、经销商（如代理商等），则成为风光一时的人物。

如今进入信息经济时代，经济活动应以什么为核心？谁又会成为这个时代的"宠儿"？在信息经济时代，经济活动将以消费者为核心，德国的"工业4.0"就是在这个时候诞生的，所以经营消费者的消费商将成为时代的"宠儿"。

第一节　从时代大背景分析消费商的大潮来袭

在前面的章节里，讲到了人类发展史上的几个时代，从石器时代、青铜时代、铁器时代，到蒸汽时代、电气时代、信息时代，对每个时代生产力的发展、劳动方式及人民力量的激活，都做了核心的介绍，但这些跟消费商时代的关系还相对远一些。

我们换一种时代的划分，从时代背景与时代发展的需要来看消费商萌芽、孵化与成长的社会条件，以及这一时代演变给社会发展带来的变化。下面首先从农业经济时代讲起，到工业经济时代、后工业经济时代，再到信息经济时代。

在农业经济时代，经济活动以土地为核心，地主掌握着大量财富，只有土地得到大面积开发、养护和利用，社会经济才能得到发展，所以开垦土地、发展农业成为大势所趋。这个时代，农业受到极大的推崇，农民的职业被看作是最被需要的职业，地位很高，所以有"重农抑商"这样的政策，农民比商人、工匠更受青睐。

为了提高农业的产量，人类发明了不少先进的农业生产工具，一方面可以提高生产能量，另一方面帮助节省劳动力与时间，但是由于技术含量不高，在提高农业生产率方面的效果并不是很明显。例如，战国前期，平均亩产粟 1.5 石（石，容量单位，10 斗等于 1 石，10 升等于 1 斗）左右，到了战国后期，平均亩产已接近 3 石，汉代超过了 3 石。而唐朝已经有 3.8 石左右。一直到明清时期，基本上都是小有进步，就算是科技相当发达的今天，亩产量有了更明显的提高，但也不是翻几番的增长。[①]

在工业经济时代，这个时期基本上对应蒸汽时代、电气时代。从工业革命开始，机器生产逐步取代手工劳动，先是蒸汽机的发明和应用，后来是发电机的问世，使电力逐步取代蒸汽力。于是以人力为主的手工工场，基本上被机器工厂所取代，生产效率大大提高。而且在这个时代，体现出一定的短缺经济的特征，经济活动以产品为核心，资本家、工厂厂长成为

---

① 吴慧. 中国历代粮食亩产研究 [M]. 北京：中国农业出版社，1985.

人们羡慕的对象。当时产生了很多经济学理论，如亚当·斯密的古典经济学，人类从家庭生产进入工厂化、跨家庭的生产方式；后来又出现了新古典经济学，也就是在市场经济进一步发展的推动下，社会开始走专业化、标准化及跨地区的生产方式。

在后工业经济时代，也就是到了今天过剩经济的时代，经济活动以渠道为核心，中间商（如沃尔玛、国美等）、经销商（如代理商等）则成为最风光的人物。而且在这个阶段，有几个明显的特征：以工业为主体转变为以服务业为主体，产业结构升级；工业发展造成的全世界资源的耗竭和环境的污染已经非常严重，面临着危机；劳动成本越来越高；一系列新技术的突破，开始向知识经济或信息经济靠拢。

而在后工业经济时代，产品生产甚至是总体经济已经到了全面过剩阶段，这个时候，社会化大生产的重心已经转移为以消费者为中心。

尤其是20世纪30年代，西方生产力发展迅速，经济发展已经从产品—质量—销售—市场营销开始向社会营销转变，以纽崔莱为代表的企业开始减少中间环节，把费用给予在终端市场上进行宣传推广的人，直接对用户进行宣传和讲解，获得市场终端的认可，从这个时候开始，产生了消费商的萌芽。

后来进入信息经济时代，这个时代的特征表现为：计算机、互联网与光纤出现，世界进入信息化时代，足不出户的沟通、移动端的交流，给消费商提供了非常方便的营销与管理条件；高速公路、航空、高铁等交通运输行业飞速发展；市场全球化，可以在全球范围内寻找商品、开拓市场；自然资源更加匮乏，环境问题日益突出，要求更高效的资源配置与利用手段。

正是从20世纪50年代开始的信息革命，也就是在信息经济时代，消费商进入快速孵化与发展期。随着计算机的诞生和发展，分配机制越来越精准，以安利、雅芳为代表的一批直销公司在内部配备计算机，改进运营效率，进一步加快了发展速度，消费商理念开始快速孵化。

经济发展从重视产品阶段，到质量阶段、销售阶段、市场营销阶段、社会化营销阶段，走到了以消费者为中心的消费商阶段，表现在初期的暗箱操作，如"吃回扣""提成"到"打折促销""二八定律"，再到目前吸粉的"会员卡""自媒体"等，并将最终走向更具人文关怀的共创共赢的消费新时代，消费商的发展时代大门开启。

其中，从20世纪80年代开始，随着西方共享经济的产生和O2O、C2B、F2C等模式的出现，以及互联网的普及，"重消主义"浮出水面，消费商进入快速发展阶段。

这个时代，经济活动应以什么为核心？谁又会成为这个时代的宠儿？其实无数的案例已经证明，经济活动将以消费者为核心。为什么会有这样一个判断？一方面，消费正成为推动经济发展的核心力量，已经是拉动经济增长"三驾马车"之首。另一方面，这跟消费商群体的特征有关，毕竟在消费商的构成当中，有一部分就来自消费者，他们是经营消费者和消费群体的人，是市场进入新经济下产生的一种新的商业主体身份，如果赢得了这个群体的支持，企业就可能获得更大的发展空间，小米、腾讯、阿里巴巴等众多成功经营消费者的企业，给我们提供了非常好的榜样。

再者，像美的、国美、苏宁等众多实体企业，开始通过多种方式运营消费者、发展消费商团队，并且正在把与消费商存在交集的粉丝经济转变为企业经营热点，虽然成果各有大小，但共同的迹象表明，消费商模式越来越受企业的欢迎。

第二节 资本与知识，培植起消费商成长的沃土

消费商的出现，离不开三个前提：劳动、知识与资本，前面我们讲了劳动，下面来看知识与资本——知识让更多人有能力成为消费商，掌握开发业务的能力。而资本力量的纵横，一方面孵化出了更多企业，这其中包括发展消费商团队的企业；另一方面，消费商也可以借助资本的力量发展

自身。

（一）资本创造

在一般的定义中，资本被分为金融资本、自然资本、社会资本、知识资本、人力资本等类别，金融资本以股票、债券等形式出现；社会资本也即商誉或品牌价值等。如果从资本运动的角度出发，它又表现为货币资本、生产资本和商品资本三种职能形式。

无论是哪种资本，它都给消费商的成长提供了可能性。之所以这么讲，背后的原因有两点：一是有了资本的滋养，众多大中型企业得以崛起，让大家有了发展消费商的基础；二是有了获取资本的渠道，更多人可以参与到消费商这项事业中。而在资本的背后，资本占有者对消费商成长土壤的培植，也功不可没。

在资本主义条件下，资本家由于拥有资本，在产品分配上具有天然的优越性，而且随着生产规模的扩大，占有的资本量越多，越有利于巩固其在分配上的优势，这也是资本家扩大生产的动力。这是资本运行的必然逻辑，但这种分配方式必然会带来财富的过度集中，造成社会贫富悬殊。

富人的收入越高，其消费额占收入比重将越小，也就是说他们虽然占据了产品分配的大部分份额，但是其消费额是远低于其收入水平的；劳工阶层的消费需求占据社会整体需求的大部分，但他们的收入远不足以支撑他们的需求。这样，每一轮生产、分配后，产品存在过剩是必然的。在经济规模未达到饱和的阶段，剩余产品可以转化为生产资料，使生产规模进一步扩大，也令财富集中程度更高，使产品过剩现象更严重，从而引发了经济危机。

凯恩斯曾经主张用赤字财政政策来化解这种危机，但只是通过货币手段在市场上人为地创造需求，经过政府货币刺激调整后，经济往往呈现"滞胀"。我们回头看看资本主义的分配制度，它导致资本家与劳工阶层的贫富差距越来越大，这也正是马克思对资本主义大加鞭挞的原因。马克思认为，资本家所得的利润是劳工阶层创造的剩余价值，是资本家对劳动者的剥削，是不公平的，是资本主义罪恶的根源。

经济是由生产和消费两个轮子驱动的，对利润的追求，使资本家热衷于提高生产的效益，但财富的集中，必然造成消费需求不足、生产过剩。那么，是不是资本就没有任何好处呢？其实在目前的发展阶段里，它在某些方面依然有用武之地。

要讨论资本制度对经济发展的利弊，我们还需探讨一个更根本性的问题。这就是：资本为什么可以参与对劳动产品的分配，这永远是理所当然的吗？在什么情况下将发生改变？支持者认为，资本作为生产资料进入生产领域，有助于劳动产出的提高，增加的份额是资本创造的价值，应当归资本所有者所有。假如一块优质田的亩产是1000斤[①]，而社会平均亩产是500斤，如果优质田的主人请一个劳动者耕作这块优质田，获得1000斤粮食，相当于平均产量的500斤是劳动者创造的价值，而除此之外的500斤是优质田额外创造的价值，由优质田主人所拥有，这样看上去是合理的。

但是，我们要问，假设优质田的亩产依然是1000斤，社会平均亩产也提高到1000斤，每个劳动者拥有与其劳动能力相匹配的土地，这样的情况下，这块优质田的主人还能凭这块田地获得额外的收入吗？显然不能。

为什么同一块田地，在社会平均亩产发生改变时，这块田的主人的收入从有变无呢？这是因为尽管优质田使劳动者劳动效率提高，但是创造价值的主体是劳动本身，优质田主人向劳动者索取超过平均收益的那部分劳动产品，不过是因为优质田的稀缺性而获得的额外收益，这种收益将随稀缺性的消失而消失。

资本在生产过程中的作用是组织劳动力，而在生产中，只要资本还发挥着组织劳动力的作用，就意味着资本相对于劳动力来说是稀缺的，资本所有者也因此能获得额外收益。

只有当社会生产的参与者不需要借助资本手段，也能同样有效率地组织生产，即拥有资产不再是人们进入生产组织市场的必要条件，人们可以

---

① 斤：中国市制重量单位，1斤等于0.5千克。

自由地根据市场和本身的状况，实现生产组织者与生产实施者角色的双向转换，这时劳动力的供求才会达到真正的完全竞争状态，市场才会实现真正的均衡，劳动者才会获得其创造的全部产品价值，资本收益为零。

资本在其中获得分配的份额为零，但这并不意味着生产组织者的收益为零，因为他对生产的实际贡献值也体现在劳动收益中，并能从中得到自己的劳动报酬，但因为生产组织市场的完全竞争关系，他无法取得超过其实际劳动贡献值的收益。

其实，这些道理根本无须通过复杂的推导，它只是源于一个常识：在劳动力紧缺、厂商数量较多时，厂商为了争夺劳动力，必然要提高工资，这意味着厂商实际利益受损，也即资本的回报率降低。因此，资本、劳动力等生产要素市场价格，是由稀缺程度决定的。这意味着，虽然资本的所有者在一段时间内可以因为优质生产资源的稀缺性而获得额外的收益，但随着优质生产资源的不断普及，劳动收入在产品分配中的份额将不断扩大，最终优质生产资源所产生的全部收益增值，将根据按劳分配原则被劳动者享有，产品分配实现真正的均衡。因为只有按劳分配，人们才会按需生产，从而避免产品过剩的问题。

在现代社会，生产资料已不再局限于土地，大规模的机械化生产已成为人类经济发展的主流。从第一次工业革命至今，虽然人口呈数十倍的增长，但人类社会生产力的发展速度也远超从前。这意味着以现在人类的社会生产力，来解决生产资料的稀缺性问题不是难题。

但是，为什么到现在产品分配不均衡的现象依然严峻，整个社会中贫富差距反而越来越大呢？有人说，现代化生产日趋精密复杂，使用各种先进的设备、技术所需要的庞大资本根本不是普通个人所能承担的，根本不可能实现每个人都拥有满足现代生产资料的机会。但是，假设劳动者联合起来按份额出资呢？

假如一个优质生产资源使其达到最大产出所需的劳动力群体，按自己在生产中所创造的财富份额出资，共同拥有该生产资源，并按相关比例分配劳动成果，以合伙制形式实现所谓的"劳动者当家做主"，这种生产组织形式可行吗？

笔者认为这种合伙制的生产组织方式也是可行的，但要注意的是，共同拥有生产资源，不是平均拥有，而是根据出资额，或者能力、贡献大小等占不同比例。此类例子已经有很多雏形，比如全员持股就是典型的体现，阿里巴巴、腾讯、华为等多家大型公司都在实践这一模式，也收到了相当不错的效果。

2014年的时候，曾有媒体对华为的持股情况做过分析，结论是：华为公司99%的股票由8万名员工持有，当时华为总共大概有15万名员工，而创始人任正非的持股是多少呢？2009年曾经有过一次披露，其持股比例是1.4%。可以看出，资本的力量与劳动者之间并没有鸿沟，劳动者完全可以成为资本持有者，享有分红，这样既能帮助劳动者增收，还有助于激发更大的创造力。

从17世纪英国资产阶级革命至今，资本主义成为欧美世界的主流，其制度、文化、运行机制已取得长足的发展，形成一套稳定而又被广泛接受的体系。与四百多年前资本主义刚刚起步时相比，人们社会经济协作成本大幅降低了，但为什么资本主义贫富差距依然严峻？为什么资本主义的经济危机仍然没得到有效解决？

这是因为随着社会的发展，人类进行社会化生产协作的深度和广度前所未有地增强。如果说过去的社会生产协作是限于一个地区、一个国家内进行，当今社会的生产协作已扩展至全球。在全球范围内，经济、文化、宗教、政治的巨大差异性及其中复杂纠缠的利益关系，为全球化生产协作设置重重障碍。

跨国资本以其雄厚的经济实力，内部高效的运行机制以及广泛的社会网络等优异条件，大幅度降低全球生产贸易的协作成本，因此成为全球化生产协作的主导力量，自然也由此获得巨大的超额收益。与资本的扩张速度相比，经济个体在社会共识上的积累以及社会协作机制的建设，总是零碎而缓慢的，在很长一段时间内难以对跨国资本构成有力的竞争，这意味着跨国垄断资本将在很长一段时间内实现超额利润。

互联网的出现，大大增强了经济个体与垄断资本竞争的筹码。作为这个时代最激动人心的变革，互联网从两方面对人类社会产生深远的影响：一是大幅降低人类社会沟通、协调的成本，大大提高人们沟通、合作的效率，使更广泛更深入的社会协作成为可能；二是促进互联网个人电脑的普及，而电脑作为一种生产工具，它的普及意味着生产资料的普及成为可能，这将极大地增加经济个体结合的自由度。

信息科技革命以其便捷性和低成本，促使一些行业发生翻天覆地的变化，尤其是文化媒体与出版行业。在这一类以人的创作为核心竞争力的行业，当电脑和互联网帮助人们摆脱办公场所、印刷成本的限制时，个人出版、自媒体方兴未艾，显示出强大的生命力，如吴晓波频道、罗辑思维等自媒体，都是很典型的案例。

而在互联网的快速发展的背后，同样离不开资本的作用，甚至可以说，正是资本的力量才"催熟"了互联网，进而促进了现代消费商群体的壮大。单纯以投资来看，互联网行业融资相当火爆，中国信息通信研究院政策与经济研究所互联网运行分析团队发布的《2017年二季度互联网投融资运行情况》报告显示，2017年第二季度，我国互联网投融资案例共220起，环比增长91.3%，同比增长105.6%；披露的投资金额135亿美元，环比上升86.2%，同比下降8.8%。

当然，资本过分集中也并非好事，如果能够实现生产资料的平等，劳动者才有可能在更大程度上实现真正的平等，只有这样，他们的才华、能力、勤奋程度才能真正成为市场竞争的决定性筹码。而消费商的成长，需要这样的条件。

但是这一平等，并不是在剥夺个人生产资料所有权的基础上获得的，相反，应确保每个劳动者都拥有与其劳动力相适应的生产资料，并通过科技发展、制度建设，最大限度地减少社会生产协作的成本，达到社会分工协作与个人自由发展的完美结合。因为只有文明，才是不受任何人或任何集团所垄断、真真正正为全人类所共享的财富。

（二）知识创造

越来越多人拥有更广阔的视野和更丰富的知识，而正是这些知识，提升了从业者的能力。即使是四五线城市的普通人，也可能通过知识的获取而掌握比较前沿的技能，参与到企业的消费商运营落地环节。因此，可以说是肥沃的知识土壤培植了消费商模式的成功推行。

近几十年来的知识爆炸，给消费商的成长创造了相当不错的条件。这里面涉及三个关键点：一是知识创造，就是知识的生产；二是知识传播，是指新的知识能够在社会上广泛扩散开；三是知识获取，就是有需要的人能够学到这些知识。

我们谈到知识创造，其实正是要梳理社会商业知识的升级过程，以及知识创造对消费商的影响。知识创造的途径包括知识组合和知识交换。

1. 知识组合

奥地利政治经济学家约瑟夫·熊彼特（Schumpeter）认为，经济发展的基础是创新，即将获取的原料、资源等生产要素进行重新组合（即"新组合"）以产生新的生产方式。科学家和工程师通过对不同学科的知识、理论和技术的组合来创造新知识。事实上，对已有知识的重新组合也是新知识产生的途径之一，而根据其组合方式的不同，可以将这种途径分为渐进型和突破型两种。

（1）渐进型变化。熊彼特曾论及连续小步骤的适应性改进；斯坦福大学管理学教授、多领域管理大师、组织决策研究领域最有贡献的学者之一詹姆斯·马奇（James G. March）与美国管理学家、经济组织决策管理大师、诺贝尔经济学奖获奖者赫伯特·西蒙（Herbert A.Simon）则将"本土化搜寻"（Localized Search）和"稳定的启示"（Stable Heuristics）视为知识增长的基础。新知识可以通过对已有知识的逐步调整和增量改进而获得。例如，瓦特将蒸汽机推广应用到工业领域，就是建立在对纽可门蒸汽机的不断改进的基础之上。

（2）突破型变化，即熊彼特所说的创新。按照当代管理理论的大师、组织学习理论的主要代表人物之一克瑞斯·阿吉里斯（Chris Argyris）和美国当代教育家、哲学家、"反思性教学"思想的重要倡导人唐纳德·舍恩（Donald Schon）的理解，就是双环型学习（Double Loop Learning），它与单环型学习不同，是指当发现错误时，可以通过运用收集、整理到的信息，不断对现有的知识进行重新整合以获得新的知识；美国科学史家、科学哲学家托马斯·库恩（Thomas Samuel Kuhn）则将科学发展的模式视为前科学—常规科学—反常—危机—科学革命—新常规科学……即科学的发展是通过新旧范式的交替和科学革命来实现的。当然，新知识也是通过新旧范式的交替和革命而产生的。例如，在信息技术领域，晶体管取代真空管、集成电路取代晶体管都是属于这种突破型的知识创新。

2. 知识交换

通常，新知识不仅可以通过不同主体所拥有的知识和经验组合而产生，当有限的资源被不同的行为主体拥有的时候，资源的相互交换就成了资源组合的先决条件，管理人员还可以充分利用科研人员、理论学家和思想家所掌握的互补性知识来加快知识创造活动。因此，可以通过这些行为主体相互交换其所拥有的资源，从而获得新知识。

有时，这种交换就像科学共同体内或通过因特网进行的信息交换一样，其中包含着个人或集体所拥有的显性知识和隐性知识的转移。通常，新知识的创造是通过社会互动和共同合作而发生的。

著名经济学家、霍普金斯大学的英籍女教授、企业内在成长理论和个体进化经济学研究的先驱者伊迪丝·彭罗斯（Edith Penrose）等的研究证实了团队在新知识产生过程中的重要性。她在有关企业增长的理论中指出，可将企业视为"拥有工作经验的个人的集合体，因为只有通过这种方式，团队才可能发展起来"。

另外，知识创造要遵循以下三个原则。

（1）积累原则。知识积累是实施知识的创造基础。

（2）共享原则。知识共享是指一个组织内部的信息和知识要尽可能公开，使每一个员工都能接触和使用公司的知识和信息。

（3）交流原则。知识管理的核心就是要在公司内部建立一个有利于交流的组织结构和文化气氛，使员工之间的交流毫无障碍。

知识积累是实施知识创造的基础；知识共享使组织中的每个成员都能接触和使用公司的知识和信息；知识交流则是使知识体现其价值的关键环节，它在知识创造的三个原则中处于最高层次。

第三节　互联网带来的引爆效应

30多年来，互联网以革命者的名义改变了很多东西。在某种意义上，它让我们拥有更多改变社会、改进工作、提高效率的方式，一方面扩大了消费商的基础，从快速增长的网民中，不断孕育出消费商；另一方面，让企业可以更大量地发展消费商，采用互联网工具进行分销与管理。

（一）互联网提供的新战场

截至2017年6月，中国网民规模达7.51亿，其中手机网民占比高达96.3%，规模为7.24亿，较2016年年底增加2830万人。这些网民，其实都可能成为企业的消费商。他们也可能自己创办企业，建立自己的消费商团队。更多的互联网工具的出现，使企业与个体消费商们能够提升自己的营销能力，增加业务开发的成功率。

下面来看看各种互联网应用带来的机会和改变。

搜索引擎：除了百度、搜狗、360搜索、神马搜索等综合搜索网站之外，还有购物、团购网站的站内搜索，以及视频搜索、地图搜索、分类信息搜索、微博搜索、微信搜索、导航、APP搜索、旅行网站搜索等。CNNIC数据显示，2017年上半年，搜索引擎用户继续增长，移动端的增速更明显，截至2017年6月，我国搜索引擎用户规模达6.09亿，使用率为81.1%。

网络新闻：据 CNNIC 数据显示，截至 2017 年 6 月，我国网络新闻用户规模为 6.25 亿，半年增长率为 1.7%，网民使用比例为 83.1%。其中，手机网络新闻用户规模达到 5.96 亿，占手机网民的 82.32%，半年增长率为 4.4%。

网络新闻服务形式已经从早期的以采编分发为主的自主传播模式，转化到以用户资讯需求为主的资讯平台供给模式。目前，新闻资讯领域主要体现出三个特点：资讯聚合平台化趋势促进分工进一步明确；整体资讯内容过剩，跨界竞争，专业媒体与自媒体同台竞技；技术成为新闻资讯平台的核心竞争力，大数据、神经网络、自然语言理解、自动学习等人工智能技术用于提升内容的智能推荐质量。

（3）网络直播：截至 2017 年 6 月，网络直播用户共 3.43 亿，占网民总体的 45.6%。从网络直播的内容类别来看，游戏直播和真人秀直播用户使用率明显增长。其中，游戏直播用户规模达到 1.80 亿，较 2016 年年底增加 3386 万，占网民总体的 23.9%；真人秀直播用户规模达到 1.73 亿，较 2016 年年底增加 2851 万，占网民总体的 23.1%。

网络团购：在团购用户规模方面，根据中国互联网网络信息中心（CNNIC）发布的《第 37 次中国互联网络发展状况统计报告》，截至 2015 年 12 月，我国团购用户规模达到 1.80 亿，有 26.2% 的网民使用了团购网站的服务。手机团购快速增长，用户规模 1.58 亿。当年主要的团购平台包括美团、百度糯米、拉手网、58 团购、聚划算、窝窝等。

最近几年，又成长起了一批新的团购网站，以拼团形式出现，如拼多多、爱拼团等。以拼多多为例，2015 年创建，专注于 C2B 拼单。据拼多多 CEO 黄峥在 2016 腾讯合作伙伴大会上透露，拼多多创立一年多的时候，用户数就超过了 1 亿人，月总成交额超过 10 亿元，日均订单超过 100 万单。

网络社交：CNNIC 数据显示，截至 2017 年 6 月，就社交应用而言，微信朋友圈、QQ 空间和微博成为前三大社交应用平台，用户使用率分别为 84.3%、65.8% 和 38.7%。

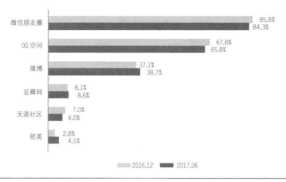

2016.12—2017.06 典型社交应用使用率

来源：CNNIC 中国互联网络发展状况统计调查

其中，微博作为社交媒体，得益于名人明星、网红及媒体内容生态的建立与不断强化，以及在短视频和移动直播上的深入布局，用户使用率继续回升达 38.7%。

网络金融：据 2017 年 7 月的公开信息，来自国家互联网金融风险分析技术平台的监测数据显示，我国互联网金融平台一共有 1.9 万多家。从业态上看，现有互联网金融业态 21 类，包括网络借贷、互联网资产管理、网络众筹等。

据 CNNIC 数据显示，2017 年上半年，互联网理财用户规模达到 1.26 亿，半年增长率为 27.5%；另有统计数据显示，2016 年中国网络信贷用户数量达 1.6 亿人。从实力企业来看，平安普惠、陆金所、蚂蚁金服、宜信、京东金融等都属于第一梯队的标杆平台。

网络旅游：在这块"阵地"上，携程、艺龙、去哪儿、途牛、同程网等属于主导者。据 CNNIC 数据显示，2017 年上半年，在线旅行的预订用户规模高达 3.34 亿，以携程为例，截取其 2017 年 7 月的情况，其 APP 月活用户量高达 5643.37 万。

网络视频：截至 2017 年 6 月，中国网络视频用户规模达 5.65 亿，较 2016 年年底增加 2026 万人；网络视频用户使用率为 75.2%，手机视频用户规模为 5.25 亿，与 2016 年年底相比增长 2536 万人。

各大视频网站都在努力布局包括文学、漫画、影视、游戏及其衍生产品在内的泛娱乐内容新生态，国家相关部门也在逐步加强对网络视频行业内容的监管审查；自制内容迅速发展，短视频内容重获关注。商业模式方面，视频广告形式不断被突破，如剧外"原创贴"（植入剧情的原创贴片广告。在剧中插播的一段由原班演员与幕后团队打造的、在内容上与剧情相呼应的 TVC 品牌广告）、"创可贴"（与剧情相互呼应的品牌创意文案，在视频播放过程中巧妙呈现）、"移花接木"（视频内嵌广告，可加入视频里合适的广告植入点位）创意式植入，用户付费、衍生产品迅速发展。

网上支付：截至 2017 年 6 月，我国使用网上支付的用户规模达到 5.11 亿，较 2016 年 12 月，网上支付用户增加 3654 万人，半年增长率为 7.7%，我国网民使用网上支付的比例从 64.9% 提升至 68.0%。其中，手机支付用户规模增长迅速，达到 5.02 亿，半年增长率为 7.0%，网民手机网上支付的使用比例由 67.5% 提升至 69.4%。

线下手机支付用户结算支付方式选择

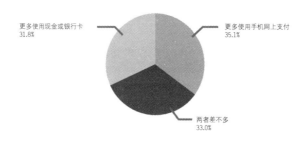

来源：CNNIC 中国互联网络发展状况统计调查　　　　　　　　　　　　2017.6

网络地图：iiMedia Research（艾媒咨询）发布的《2017 上半年中国手机地图市场研究报告》数据显示，2017 年第二季度，手机地图用户累计规模达 6.86 亿，保持低增长态势。百度地图和高德地图分别以 33.0% 和 32.7% 的占有率领先其余市场竞争者，市场维持双寡头格局。

在线教育：CNNIC 数据显示，截至 2017 年 6 月，中国在线教育用户规模达 1.44 亿，较 2016 年年底增加 662 万人。在线教育用户使用率为

19.2%，较 2016 年年底增加 0.4 个百分点。同时，手机在线教育用户规模为 1.20 亿，与 2016 年年底相比增长 2192 万人。其中，少儿英语在线教育市场迅速发展，以 VIPKID、哒哒英语、51Talk 青少英语等为代表的线上品牌英语培训机构迅速占领市场。另外，2017 年人工智能教育产品开始陆续问世，如沪江网的"Uni 智能学习系统"、学霸君的"高考机器人"、英语流利说的"AI 英语老师"等。

网约车：截至 2017 年 6 月，我国网约出租车用户规模达到 2.78 亿，较 2016 年年底增加 5329 万人，增长率为 23.7%。网约专车或快车用户规模达到 2.17 亿，增长率为 29.4%，用户使用比例由 23.0% 提升至 28.9%。

共享单车：共享单车服务自 2016 年下半年起，在资本的大力推动下实现了快速发展，行业头部品牌则在不足一年的时间里完成多轮融资。根据 CNNIC 数据显示，截至 2017 年 6 月，共享单车用户规模已达 1.06 亿，占网民总体的 14.1%，其业务覆盖范围已由一二线城市向三四线城市渗透，融资能力较强的共享单车品牌则开始涉足海外市场。不过，2017 年以来，连续有数家共享单车遭遇运营困境，甚至关停，目前主要是 ofo 与摩拜主导市场。

网络游戏：截至 2017 年 6 月，我国网络游戏用户规模达到 4.22 亿，较 2016 年年底增长 460 万，占整体网民的 56.1%。手机网络游戏用户规模为 3.85 亿，较 2016 年年底增长 3380 万，占手机网民的 53.3%。

除上述互联网战场之外，还有电子商务（网络购物）、BBS、电子邮件、网络文学、网络音乐等众多"互联网+"领域，在这些战场上，既活跃着运营消费商策略的企业，也活跃着大量的消费商从业者。

我们看几组消费商运营的案例，就能体会到互联网带来的引爆效应是何等明显。

淘宝自 2015 年以来，就没有公开注册会员量了。截至 2014 年年底，有一个公开数据是，淘宝注册会员近 5 亿，日活跃用户超 1.2 亿。不过活跃消费者的数量还是有公开的，据阿里巴巴 2017 年第一季度财报，天猫、淘宝等平台上的活跃消费者达到 4.66 亿，移动月度活跃用户更高达 5.29 亿，云计算付费用户数量首次超过 100 万。

再看跟消费商从业者的一种形式：淘宝客（帮助卖家推广商品并获取佣金的人），虽然数量没有明确的数字公开，但据了解，2013 年阿里妈妈（淘宝联盟）对淘宝客总支出佣金超过 5 亿元人民币，可见这个群体的数量不少。

根据联通沃指数 APP 报告显示，在 2017 年部分月份里，京东的月活跃用户量超过了 1 亿。另外，京东的财报显示，截至 2017 年 6 月 30 日，京东在此前 12 个月的活跃用户数为 2.583 亿，较 2016 年同期的 1.881 亿活跃用户数，同比增长 37%。

再举一家运营女性消费者的平台：美丽说。据其官网的数据，目前拥有超过 1 亿的女性注册用户，年龄集中在 23~30 岁，通过电商、社区、红人、内容等服务形式，一方面整合时尚类商家入驻，另一方面激活用户的分享、转发与交易，曾经还是淘宝客的一大"根据地"。

据唯品会的财报，2016 年活跃用户高达 5210 万，同比涨幅 42.4%，当年第四季度的活跃用户也有 2750 万。

截至 2017 年 6 月 30 日，美团外卖的日完成订单量已经超过 1300 万单，覆盖城市超过 1300 座，合作商户数超过 100 万，其独立 APP 月活跃用户达到 2766 万。

截至 2016 年第二季度，大众点评月活跃用户数超过 2.5 亿，点评数量超过 1.5 亿条，收录商户数量超过 2000 万家，覆盖全国 2500 多个城市及全球 200 多个国家和地区的近 1000 座城市。而且，大众点评月综合浏览量超过 200 亿人次，其中移动客户端的浏览量超过 85%，移动客户端累计独立用户数超过 4 亿。

在线旅游这块的移动应用也是相当强势的，以携程为例，2017 年 7 月的月活跃用户就高达 5643 万，去哪儿的月活跃用户超过 5133 万。

再看微信的用户规模，根据腾讯旗下的企鹅智酷《2017 微信用户 & 生态研究报告》，截至 2016 年 12 月，微信全球共计 8.89 亿月活跃用户，而新兴的公众号平台拥有 1000 万。与此同时，QQ 月活跃账户数已经达到

8.68亿。

由此可见，在消费者运营这件事情上，互联网带来的爆发力是很可观的。从更广阔的视野看，它对消费商时代的到来，还发挥了如下作用。

1. 信息经济时代，互联网破解信息不对称

在传统经济时代，可以说生意主要源于信息不对称。美国经济学家约瑟夫·斯蒂格利茨、乔治·阿克尔洛夫和迈克尔·斯彭斯曾经共同提出：在市场经济活动中，各类人员对有关信息的了解是有差异的。掌握信息比较充分的人员，往往处于比较有利的地位，而信息贫乏的人员则处于比较不利的地位。掌握更充分信息的一方可以通过向信息贫乏的一方传递可靠信息而在市场中获益。这就是著名的信息不对称理论，也是通常人们所说的"买的没有卖的精"。

信息不对称法则运行的基础是传统的社会结构。旧时代是一个金字塔式的社会，每向上一级就缩窄一级，越往上的人越能得到更多的信息，而只有在塔尖上的人才能看到全貌。

经济学家亚当·斯密在两百多年前就说过，市场犹如一只"看不见的手"，通过价格机制、供求机制、竞争机制等，引导资源朝着最有效率的方向发展。之后美国经济学家肯尼斯·约瑟夫·阿罗用数学方法论证了这个经济思想，但两者的理论都有缺陷，那就是都假设了消费者和生产者拥有的信息是完整的，市场环境是理想化的。我们都清楚，现实情况并非如此，不同主体之间存在较高的信息壁垒，供求双方对产品的了解存在巨大的差异，而互联网的出现，正在努力改变这一切。

2. 互联网让消费者获得生产者更全面、更完整的信息

在互联网出现之前，消费者对传统企业的产品信息、生产信息、企业文化与历史、组织机构、生产作业、经营状况等了解很少，大部分消费者对产品信息的了解都是来自销售人员的介绍。显然，这种从销售人员了解而来的信息远没有互联网全面完整。互联网出现后，消费者可随时随地了解企业信息，信息传播的去中心化趋势明显。

3. 互联网时代不只是商家说了算，还得考虑消费者怎么说

信息不对称不仅会增大交易成本、抑制市场交易，商家还可能会借此隐藏信息或逆向选择。信息不对称背后反映的是市场参与主体之间的差异，如委托代理问题、表现为事前逆向选择和事后的道德风险。

从消费者心理学角度分析，由于信息不对称，商家可能会为了增加销售量提高业绩，采取一些心理战术或销售花样技巧，而在互联网时代，所有信息是公开透明的，消费者可通过互联网了解到企业信息、产品信息、销售信息等。

没有互联网时，商家利用信息不对称赚钱。在互联网时代，商业数据沟通成本降低，花费时间更短，信息更透明，商家更多的是靠产品竞争力、客户体验取胜。如果有很好的品牌与口碑，会提高其附加值，这种实实在在的竞争，会刺激商家把产品做到更好。

互联网时代，不只是商家说了算，更要听听消费者怎么说。

4. 体验与口碑变得前所未有的重要

互联网时代，消费者行为发生变化，消费者可以通过多种渠道获取信息，如在 BBS 交流、在朋友圈了解信息、在百度引擎上搜索等，可以轻松地了解到商家的口碑，也可以很方便地参与线上线下体验，消费者主动权明显增强。

（二）电商对生产模式和流通模式的改造

电商的爆发，堪称消费商时代到来的前奏，主要表现在两方面。

一是基于众多互联网工具，电商品牌才有可能运用消费商运营工具，将消费者转化为粉丝，或者将消费者发展成为兼职的推广人员与业务人员。

二是电商提供了非常方便的销售渠道，即使是非专业的网民也能够掌握一些浅显易懂的网络销售工具，这使得消费商运营具备了坚实、广阔的基础。

1. 电商流通模式对传统商务流通模式的冲击

这种对流通模式的冲击，一来使企业运营消费者有了现实价值，从中可以发展大量消费商，让大家都有用武之地；二来作为消费商个体，通过简单的转发分享，就有可能把货卖出去，这是以前直销时代难以实现的。

（1）电商的流通模式是以互联网服务商为中枢的扁平化的流通模式。

传统的流通模式建立在众多中间商组成的垂直渠道上，而电商流通模式建立在互联网的平台上，生产者、中间商（或零售商）、物流企业、消费者围绕网络服务提供者开展商品的流通活动。

而电商使垂直渠道变成扁平化的交互关系，借助互联网，把产品销售、物流控制、信息沟通、客户管理和意见反馈有机地结合在一起，使传统分销模式向电子分销模式转化，流通渠道显著缩短，成本也有所降低。

（2）电商促成"虚拟企业"的诞生。

一些独立的经营主体，通过网络形成跨越空间的经营联合体，它们之间具有明确的分工，可以实现供应链管理，其效率和真实的企业一样。电商经济从两个方面引发了虚拟化经营的出现。

首先，互联网给虚拟化经营提供了物质基础，使企业可以只控制核心能力，而将非核心能力的业务虚拟化，通过如联合、委托、外包等方式借助外部资源力量来整合。

其次，虚拟经营具有很强的灵活性，可以使消费商企业与消费商从业者们能获得快速了解瞬息万变的市场和以服务取胜的竞争条件，这就要求企业必须具备灵敏的反应能力和富有弹性的动态组织结构。虚拟企业按照市场原则组建，其成员可以变换，可以根据需要找到更多的合作伙伴，使其组织在调整中不断获得优化，这样的市场组织可能比某些传统企业更具灵活性和活力。

（3）电商提升运营效率。

在电商环境下，制造商与供应商、消费者之间一般要借助互联网进行业务联系。由于实施了电子化交易，商务信息通过网络传输更加便捷迅速，整个交易过程变得更加简捷，业务环节减少，效率会有所提升。

电商也使市场供求信息充分释放，生产者与消费者双方信息不对称的问题在很多情况下得以解决，工业生产的大规模定制有了供需匹配与引流渠道；生产企业通过电商手段建立快速反应的供应链，可以高效率地满足以客户为中心的大规模定制，与传统方式下的订单驱动模式相比，效率大大提高了。

可以说，电商真正实现了"用时间消灭空间"，电商使交易过程中所需的信息流、商流、资金流在网上一次性完成，直接经济取代了工业革命以来的迂回经济，流通渠道缩短，流通环节减少，商品周转速度加快。

(4) 减少了对中间商的依赖，帮助降低成本。

电商环境下，生产商可以借助于网络建立新型直接销售渠道，使销售成本下降；电商使信息公开化，生产者和消费者都可以便利地获得信息，中间商对信息的垄断被打破。

电商提高了生产商在流通渠道中的地位，减小了对中间商的依赖程度，电商环境下生产商可从三个方面降低成本、提高效益：一是降低搜寻获取的成本，即生产者收集信息、寻找交易对象的成本因网络信息的双向无障碍沟通而降低；二是优化供应链管理，提高企业竞争能力，供应链管理最优化将是未来厂商、分销商、电商营运商经营成功的关键之一；三是严格库存管理，减少公司库存甚至是零库存，减轻库存压力。

(5) 电商环境下新的流通模式能降低流通费用。

电商极大地降低了生产者收集信息、寻找交易对象的成本；通过整合流通渠道，优化渠道结构，进行有效渠道的组合，加快了流通速度、降低了库存，提高了资金使用效率；通过减少中间环节，简化流通环节，提高渠道的卖货能力，直接降低了产品在流通过程中的费用。

2. 电商将改变现有流通企业的格局

零售服务业同样深受电子商务的影响，如淘宝、天猫等，为千千万万的卖家和买家提供了快速交易的平台，在拓展商业版图上显示出所向披靡的气势。

以 2017 年为例，天猫"双十一"的销售额高达 1682 亿元，成交商家和用户覆盖 222 个国家和地区。如果看全年交易额，据阿里巴巴财报显示，在截至 2017 年 3 月 31 日的 12 个月里，年度业绩披露，阿里巴巴全年 GMV（Gross Merchandise Valume，成交总额）达到 3.77 万亿元，比 2016 年增长 21.6%。

另一家电商"大鳄"京东，其 2017 年"双十一"的销售额超过了 1271 亿元，2016 年全年度的 GMV 高达 6582 亿元。

除了京东、天猫这两大"寡头"之外，在酒、服装、鞋帽、家居、化妆品等众多行业里，都出现了颇具知名度的零售商，如酒类电商渠道"酒仙网"、特卖电商"唯品会"等。而以前，零售流通主要依靠分布在全国的线下经销商、便利店等销售网络，依靠各种大卖场实现流通，如苏宁、国美、迪信通、宏图三胞等大型连锁卖场，都曾扮演核心的角色。

可见，当大量电商平台崛起后，流通企业的格局已发生非常大的改变，越来越多的网销渠道开始"指点江山"。当然，不是说电商就成了主导，传统流通渠道就成了配角，而是说，在零售流通的版图上，电商成了新格局里的关键角色。电商平台出现后为市场带来的变化，特别值得注意的有以下几点。

（1）交易市场的电商化，交易虚拟化。

电商实质上形成了一个虚拟的市场交换场所，既部署在 PC 端，又出现在移动端，既可以在淘宝、天猫、京东这样的平台上购买，又可以在有赞微店、云集微店等微电商渠道购买。

电商世界里的营业窗口具有网络化、无形化的特点，跨越时空，24 小时营业，实时地为用户提供各类商品和服务。只要有强大的物流支持，网上商业经营商品的种类可以无限增加，企业面向的客户遍布全世界，但对于同一家公司来讲，即使开网店、微店，商品的种类也是有限制的，往往会投入核心精力在部分精选商品上。

（2）**生产商可考虑建立互联网分销体系，优化渠道结构，降低渠道成本。**

选择一：生产企业自建电商，也就是独立网上商城，在网上销售，通过网络获取顾客信息，在网上完成交易。交易后，由生产企业或第三方物流配送。

选择二：生产企业发展网络分销商，如京东、唯品会等 B2C 电商，以及微商、网络代理等，然后由这些网络渠道通过互联网向客户（消费者）销售。

选择三：生产企业通过有赞、微信小店等平台，开通微店，再通过微信好友、微信朋友圈、QQ 空间、微信群等渠道展开推广，获取客户，促成交易。

（3）**大量的传统中间商失去存在价值，中间商的形式和职能发生变化。**

电商使大量的传统中间商失去存在价值，于是产生了新的中间商——网络中间商，或者说是平台商，如淘宝、天猫、饿了么等，它们为电商活动提供交易平台和服务。

一方面，商家可以开店或发布信息；另一方面，消费者可以在这些平台上筛选产品。平台商将买卖双方集中到一起。

（4）**网上商业企业的出现使批发和零售的界限模糊化，批发和零售企业将逐渐趋于合一。**

电商环境下，针对消费者的大规模定制生产模式出现，导致流通流程中低库存甚至零库存，使传统的批发企业在流通中的"囤积""调剂"作用丧失，使批发与零售合一，渠道与终端合一。

第三章　认识消费商：他们是谁？他们的价值

新经济时代的财富来自哪儿？来自消费者的购买，来自消费者的忠诚和参与。当然，消费者忠诚的前提是要得到知情权、话语权和分配权，借此消费者也可以成为经营者。当消费者成为经营者，他们就成为消费商。在笔者的定义中，消费商是这样一群人：因喜爱某种行业或者商品，进而产生重复的购买或者独立的经营行为，并经营消费和消费者。

第一节　什么是消费商：概念解读与演变

消费，是一个哲学概念，商是一个经济学概念，两个不同的概念合二为一成为一个亦此亦彼关系的理论。"非此即彼"是丹麦神秘主义哲学家、基督教思想家、现代存在主义哲学的先驱克尔凯郭尔在19世纪提出的，随着时代的变化、进步和发展，泾渭分明的经济学思维已经不能适应现代文明的需求，多元化的社会环境导致分工越来越细，却又使效率和弹性的平衡变得越来越困难，迫切地要求创造社会财富的企业和个人拥有更多的知识与能力，去适应瞬息万变的市场。

由此，20世纪末的西方诞生了以Airbnb为代表的生产消费者的概念：既是生产者又是消费者。在中国，消费商的理论由笔者和刘茂才先生首次提出，进一步阐述了社会化大生产三大环节在不同时期的重心转移，指出了在新经济时代的创富新思维，即财富的真正产生源自消费者的购买，消费者也必然要得到知情权、话语权和分配权，消费者也可以成为经营者，并提出"分享也是一种劳动"，更多的人都有机会进入财富的分配中来。

在此笔者对消费商试下定义：消费者因喜爱某种行业或者商品，导致重复的购买或者与企业签订合约形成独立的经营行为，并最终成为经营消费和消费人群的人。

消费商即运营消费者的组织与个体，他们既扮演着消费者的角色，同时又扮演着经营者的角色，因此在消费过程中，既有消费的付出，又有充当经营者获得的回报。他们可以是那些通过自我消费分享、推荐、推广而取得财富的个人或组织。

这里有两种情况，一个是运营消费者的企业，如小米、华为、天猫、唯品会、京东等，采用各种办法吸引、激活与运营消费者，将消费者转化为粉丝，发展成为兼职或专职的经营者，这是消费商；二是作为消费者的个人，购买使用企业的商品之后，觉得不错，愿意分享推荐，参与到产品的销售经营中，这也是消费商。

消费商理论认为，消费在企业层面可以认定为一种资本，因为在过剩经济时代，已经达到了工业 4.0 阶段，利用物联网、大数据、个性化定制等精准找到需求，创造需求，已经把消费者作为中心，所以消费在一定程度上等同于在创造财富，也等同于对企业的信任和一种积极意义上的投资。

但是投资不一定就是消费。这是市场上的不法之徒可能断章取义进行宣传误导广大消费者的一个凶器，也是资金盘（无实业、无产品、无牌照，利用金融做杠杆讲故事，拉人头给高回报的非法融资行为）"老鼠"会猖獗一时的重要原因。

消费商定义的主要核心是在一定条件下消费者也可以参与企业的经营和推广，但必须满足以下条件——

（1）真实地喜爱企业的某一个产品，并在重复使用该产品的情况下产生分享行为。

（2）有法律主体身份如与企业签订经销商合同或者合伙人制等，从而成为企业产品的经营者。

（3）企业平台与消费商的合作模式需满足三个要素：消费优惠（不是返利）、分享人力资本、共享价值。

（4）在消费商企业平台上，消费者拥有三权：知情权、话语权和分配权。消费者群体成为新经济条件下的商业主体。

消费商阶段是消费者话语权增强，并且进入消费主导型的阶段，其显著特征是营"消"，即以经营消费者为核心，展开一系列运营，将消费者发展成为粉丝、传播者与经营者。

过去的经验告诉我们，市场主体分为投资者、经营者、劳动者与消费者等，而消费者是指购买商品或接受服务的人，并不以营利为目的。不管消费者之间差异性有多大，他们之间最重要的一个共同之处就是，定期使用或消费食物、衣服、居住场所、交通、服务等。

消费者，在经济中承担着重要作用，如果消费能力强，可能会带动一个地区的经济发展。过去的经验还告诉我们，为了促进消费，往往还需要有人开店、送货，并且投放广告，激活消费欲望。而在今天，消费商经营模式的出现，又增加了一种可能，就是通过消费商的渠道把货卖出去。这种模式可以被简化为一个以厂商为圆心、直达 N 个消费商的圆。消费商作为一种新型的商业主体，跻身市场，参与到财富分配之中。

作为消费商，我们要对产品的功能与特点有深入的了解，而且要善于向消费者做宣传，所以一个成功的销售商不仅需要具备销售产品的能力，更重要的是经营智慧和能力。

如果你带的是一个经营团队，那么你的首要任务就是培训团队，提升全员的能力，争取让每一位成员都变得更优秀。另外，消费商也需要有人文关怀，需要坚守诚信，从口碑的立场出发，经营自己的品牌，吸引消费者的关注，提升消费者的满意度与忠诚度。

那么，如何提升消费者满意度和忠诚度呢？这是消费商需要研究与关注的一个重要问题。就满意度来讲，影响因素很多，可以通过多种方式加以提升，最基本的环节自然是让产品能够满足消费者的需求，更多的细节则包括服务不出差错、响应客户需求的速度快、办事效率高、服务态度好、产品质量与用户体验好、物流速度快、售后服务及时周到等。不少研究者认为，提升消费者对其消费品的忠诚度至关重要，而提高其忠诚度有 6 个法则：满足感——重复消费；信任感——持续消费；归属感——永续消费；身份感——承诺消费；自豪感——推荐消费；新鲜感——永葆青春与活力。

因为消费商既是消费者又是经营者，所以生产商只有走近消费商，与消费商结成联盟，才能走双赢、共富之路。现在是消费者话语权越来越高的时代，所以我们的生产商和消费商需要建立一种能让消费者行使话语权的机制，如定期对其消费者的消费需求做调查回访、给老顾客提供一些激励反馈，或者针对消费者的需求做课题研究，从消费商渠道获取需求信息，用来指导精准生产。

值得注意的是，消费商的出现改变了由销售商来寻找顾客的模式——首先，由消费商出面整合一个客户群（有共同的消费需求），然后带着客户去找生产（服务）提供商。这样，变被动的被推销为主动购买。其次，由于团结了众多的消费者，在与生产（服务）提供商的交易过程中，消费商将处于有利地位，拥有一定的话语权，因此可能获得更低的价格、更优质的产品及服务。

再来看传统营销渠道，它由独立的生产者、批发商和零售商组成。每个成员都是作为一个独立企业实体追求自己的最大化利润，所以当利益相冲突时，往往容易出现互相损害的情况。消费商的出现，可以对上述情况进行一定的改善。因为运用消费商营"消"的厂商，积累资本依靠的不是高利润率，而是通过较低利润率与庞大销售量的乘积，产生一个巨量的资本累积。实现庞大销售量，无疑需要一个在丰厚回报激励条件下而产生海量的、忠诚的消费者或消费商群体。这二者互为激励、互为支撑，最终实现共赢。

由于厂商会定期拿出部分利润分配给消费者，消费者的消费行为在某种程度上就变成了一种投资行为。原因至少有以下两方面。

一是跟以前相比，越来越多的厂商愿意回馈消费者，以会员积分、会员专供价、团购价、限时秒杀等多种形式体现，选择这类厂商购买商品，可能获得更大的优惠，降低购物的成本，还可能拿到可用于未来消费的积分等。

二是有一些厂商设计了更有竞争力的消费政策，尤其是高频消费的产品，当消费者满足一定的累计消费额后，可能给消费者更大的回报。由消费者变身为消费商的行为，将让消费商享受到更高比例的财富分配，这无疑会激励消费商的销售积极性。而且，这一系列的分配标准都是透明的、统一的，人人都可以在厂商的公开数据库里查到。这样的厂商，其实是把消费商当成自己的生意合伙人来对待。

我们可以给消费商这一新型商业主体做一个定位，那就是该商业主体旨在推动消费者以商人的理念去消费、以消费者的体验去从商。在这样一个愿景下，无论是厂商与消费者的利益分配问题，还是二者之间的信息不对称问题，都可以得到到相应的解决。

为什么说厂商与消费者之间的利益分配，还有信息不对称等问题在一定程度上能够得到解决呢？原因有以下两点。第一，厂商和消费者已经摆脱了零和博弈的传统模式，大家只有共赢，才能分享收益。第二，二者不是争抢现有福利蛋糕，而是着眼于共同做大蛋糕，在社会福利最大化的价值追求中实现共同福利的持续增长，这同样是一种双赢战略。

第二节　理解消费商模式，请先洞察消费者与文化

笔者很早就关注和研究消费商模式，觉得这样一个群体的形成、这样一种商业模式的构建，它的一个前提是对我们所处文化的理解，对消费者的理解，包括消费观念、消费行为等。在理解消费商理论时，我们可以从以下两个方面来解读消费商理论的重要构成，一是文化传统与社会环境对消费者的影响，进而对消费商产生的影响；二是亚文化对消费者、消费商的影响。

（一）文化传统与社会环境对消费者、消费商的影响

构建消费商行为模式，自然要了解消费者的购物心理。购物心理影响消费行为，而消费者的购物心理与消费行为，不可避免地受到社会环境和各种群体关系的影响和制约。只有从社会环境与消费者相互关系的角度做一些研究与思考，才能科学地解释复杂多样的消费心理与行为现象，并为消费行为的预测和引导提供切实可行的依据。

人们的消费心理受环境、经济、文化、社会等因素影响，其中文化的影响力不容小觑，所以消费文化的研究与思考，是一个非常重要的命题。

而理解文化对消费者的影响，有助于我们在设计消费商运行机制时更具有针对性，毕竟在不同国家、不同地区、不同阶段，甚至是面向不同客群时，我们所需要解决的文化课题都有它的差异性，比如发展"90后"消费商与"80后"消费商，所考虑的文化方面的影响因素肯定不会完全相同。

1. 文化是一种可传承的生活方式

人们的消费方式自然与生活方式相关，不同的生活方式会造成不同的消费行为，这是显而易见的道理。不少学者把文化的内涵细分为广义、狭义、中义三个层次。广义的文化是指人类社会在漫长的发展过程中所创造的物质财富和精神财富的总和；狭义的文化是指社会的意识形态，包括政治、法律、道德、哲学、文学、艺术、宗教等社会意识的各种形式；中义的文化是广义文化和狭义文化之间互为中介的文化形态，是指社会意识形态同人们的衣食住行等物质生活、社会关系相结合的一种文化，如服饰文化、饮食文化、日用品文化，以及各种伦理关系、人际关系等。

文化的可传承性包括人们在社会发展过程中形成并经世代流传下来的风俗习惯、价值观念、行为规范、生活方式、伦理道德观念、宗教信仰等，它对人们消费行为的影响同样是显而易见的。

文化是一种综合反映历史和现存的经济、政治和精神生活的社会关系，而且文化既有保守性的一面，也有开放性的一面。所谓保守性，就是指传统的文化对一个人的消费行为影响的保守性。例如，作者是一个北方人，但从小就来到南方，生活了几十年，那么从小形成的消费方式、消费习惯，尤其是餐饮消费行为就具有非常强的保守性。所谓开放性，就是受到外来文化的影响，其消费行为同样既有保守的传统性，又有开放外来文化的消费行为和消费习惯。例如，喜欢西服就是外来文化的影响，而且现在的中国社会常常把西服称为正装。也就是说在公众场合，如出席重要会议、会见重要客人常常要穿西服等习惯的消费行为。

由此可见，特定的文化必然对本社会的每个成员产生直接或间接的影响，从而使社会成员在价值观念、生活方式、风俗习惯等方面带有该文化的深刻印迹。现在人们常以文明与不文明表述一个人的消费行为，其实文明与文化同样是互为中介的概念，文明体现内在价值，而文化则体现外在价值。人们常讲的文明消费、时尚消费行为，可以看作是文化与文明消费的中介。既有文明的内涵，也有文化的内涵，反映消费质量是文明价值的体现，反映消费方式则是文化的外在价值的体现。

（1）文化对个人的影响。影响主要表现为文化给人们提供了看待事物、解决问题的基本观点、标准和方法；文化使人们建立起是非标准的行为习惯。通常社会结构越单一，文化对个人思想与行为的制约作用就越直接。

（2）文化规范群体成员的行为。现代社会由于社会结构的高度复杂化，文化对个人的约束趋于松散、间接，成为一种潜移默化的影响。文化对行为的这种约束就是规范。社会规范以成文或不成文的形式通过各种途径如道德标准、制度规则、组织纪律、群体规范等作用于个人，规定和制约着人们的社会行为。

一个人如果遵循这种本文化的潜规则，就会受到社会的赞赏和鼓励。反之，就会受到否定或惩罚，包括歧视、谴责和极端的惩治手段等，所以，文化规范的这些潜规则，自然影响人们的消费行为。

（3）文化对消费活动的影响。影响主要表现为在特定文化环境下，消费者之间通过相互认同、模仿、感染、追随、从众等方式，形成共有的生活方式、消费习俗、消费观念、态度倾向、偏好等。

2. 中国消费者的文化传统与价值观

（1）家庭伦理观念。儒家思想及伦理观念在中华民族的社会道德传统中有着根深蒂固的影响，儒家的伦理观念是以基本的血缘关系为基础的。因此，中国消费者历来非常重视家庭成员之间及家族之间的关系。以家庭为中心的中国消费者在重大消费活动中往往由家庭共同决策、共同购买和使用。此外，传统的中国家庭都非常重视子女，很多消费决策也是围绕子女进行的。

（2）"面子"文化。中国社会几千年的文化积淀，形成了各式各样的行为规范和传统礼仪习惯，这些规范和习惯为社会大多数人所共同遵循和认同。在上述观念的支配下，中国消费者在凡是涉及"面子"的消费活动中都格外小心谨慎，注意遵从各种礼仪规范，尽量不失自己的面子或伤别人的面子，甚至为"不失体面"而不顾自身的经济状况，进行超前超高消费、攀比消费、炫耀消费等。

（3）注重人情与关系。中国社会注重人与人之间的感情关系，包括亲情、友情、爱情、同学关系、同事关系等。在人际交往中，往往把人情视为重要因素，以维系人情作为行为方式中比较重要的考量。这一观念反映在消费活动中，表现为人情消费在消费支出中所占比重较大，且总额有逐年增长的趋势。2017年7月，胡润研究院与MEC尚扬媒介曾经联合发布《2017中国高净值人群情谊往来白皮书》，受访者家庭年均现金收入417万元，在2016年平均每人花费26.1万元用于送礼，年度赠礼总计达34.4次。该人群最爱送烟酒、现金和健康类礼品，并且赠礼花费每年俱增，集中在春节、中秋节和生日这些时间节点。

自然，文化对消费者的影响，也会反映到消费商的行为模式上，比如作为企业，在发展与管理消费商团队时，要考虑到如何提升消费商的职业认可度、如何发动消费商去挖掘朋友圈的营销价值。而消费商从业者在开发业务时，往往也会从身边的熟人开始做起，充分利用人情文化，但要注意不能扰乱正常的人际关系。

生产商与消费商唯有适应不同的文化习惯与社会环境，适应特定环境中消费者的特殊要求，用好当地的文化习惯，才能使自己在激烈的市场竞争中立于不败之地。尤其在跨国经营中，保持高度的文化适应性，更是生产商与消费商获得成功的先决条件。例如，宝洁公司的市场研究部门每年都会对众多国家展开多角度调研，其中就涉及当地的文化细节，尤其是在进入新市场前，对文化的调研会更加细致。

在不同文化环境中从事营销活动时，必须积极主动地适应外部要求，尊重消费者特有的风俗习惯、宗教信仰和消费偏好，这是每一个消费商获得成功的必要条件。

（二）亚文化与消费者、消费商行为

亚文化是文化的细分和组成部分。其中若干个社会成员因民族、职业、地域等方面具有某些共同特性，而组成一定的社会群体或团体。同属一个群体或团体的社会成员往往具有共同的价值观念、生活习俗和态度倾向，

从而构成该社会群体特有的亚文化。

而亚文化对人们的心理和行为的影响较为具体和直接，这一影响在消费行为中体现得尤为明显。例如，中产阶层因收入水平、从事职业及受教育程度的相近，故在消费观念、消费倾向和消费方式上表现出较大的相似性和某些共有特征。受其影响，属于中产阶级的消费者在住房、生活社区、子女学校、汽车、购物场所、商品品牌等消费选择上往往或刻意与所属亚文化保持一致，或者无意带有本亚文化群的鲜明色彩和印迹。

通常可以按民族、宗教信仰、年龄、性别、职业、收入、受教育程度等因素将消费者划分为不同的亚文化群。这里主要以下面四类为例进行阐述。

（1）民族亚文化消费者群。各个民族在长期生存和繁衍的过程中，逐步形成了本民族独有的、稳定的亚文化，并在生活方式、消费习惯和崇尚及禁忌中体现出来，从而形成该民族特有的消费行为。

（2）宗教亚文化消费者群。宗教信仰是亚文化群形成的重要因素。不同的宗教信仰会导致消费者在价值观念、生活方式和消费习惯上的差异，从而形成宗教亚文化消费者群。

（3）性别亚文化消费者群。男女性别不同，也形成了相应的男性亚文化群和女性亚文化群。两大亚文化群的消费者在消费兴趣偏好、审美标准、购买方式、购买习惯等方面都有很大的不同。

（4）职业亚文化消费者群。不同职业的亚文化消费者群在生活方式及消费习惯上有很大区别，而这种区别往往又以因职业不同而产生的收入差别为主要特征。这种以职业区别形成的亚文化还包含着其他较复杂的文化因素，如消费观念等。

从以上分类可以看出，亚文化消费者群具有以下基本特点：它们以一个社会子群体的形式出现，每个子群体都有各自独特的文化准则和行为规范；子群体与子群体之间在消费行为上有明显的差异；每个亚文化群都会影响和制约本群体内消费者的个体消费行为；每个亚文化群还可以细分为若干个子亚文化群。

对企业而言，研究亚文化的意义在于，消费者行为不仅带有某一社会文化的基本特性，而且还具有所属亚文化的特有特征。与文化相比，亚文化往往更易于识别、界定和描述。因此，研究亚文化的差异可以为企业提供市场细分的有效依据。

对于实施消费商策略的企业来讲，研究亚文化的意义同样比较重要，如在自己的公司内部培养某种亚文化，或者树立本职业的文化信仰等，从而提升消费商从业者的自我认可度。

第三节 消费商的 PDCA 循环

在理论上，消费商是一种追求生产与消费紧密衔接、互为中介而且是互利多赢的体系。这种体系是一个能在双方的共同努力下，不断呈螺旋式上升、不断完善的 PDCA 循环。

1. 计划（Plan）

消费商商业运营模式是：厂商制订一个以消费者核心利益为诉求的产品设计生产和销售计划。这个计划的本意就是要回答以下问题：如何做才能使消费者乐意与我交往，愿意与我打交道，并在与我打交道的过程中能够成为我商业上的合作伙伴，从而将更多的乐意接受我的消费商营"消"观的消费者吸引过来。

生产商设计生产的产品如何得到消费者认可是关键，而要得到消费者的认可，就要把更多的注意力集中在消费者喜欢满意的产品上，企业计划唯一的根据就是消费者的需要。生产商与消费商更要考虑不同年龄和不同性别的消费心理特点。正是因为不同年龄、不同性别，这些不同的消费心理和消费需求，形成了针对不同年龄、不同性别的生产商与消费商，如有儿童用品生产商与消费商、老年用品生产商与消费商、青年用品生产商与消费商、女性用品生产商与消费商等。正是如此，我们注意到市场专业化程度正是根据这种需求而出现的，如城市里有妇女用品专用市场、儿童用品专用市场、老年用品专用市场等。

2. 发展（Development）

发展即厂商与消费商建立良好的合作关系，共同促进消费商商业运营模式的发展。当然，建立关系就是一种相互间的承诺，消费商会为自己喜欢和信任的，拥有公平、公正、合理的商业运营模式的厂商奔走工作，厂商也会随着业务的发展，将更大比例的利润拿出来与消费商分享。

3. 沟通（Communication）

人际关系网建立起来后，厂商与消费商之间就可以有效地进行双向沟通——保证双方进行充分的信息沟通。厂商可以给消费商所需要的，以便更好地满足消费者。

值得注意的是，前面两个步骤必须彻底实行，也就是说，计划制订得完善、人际关系通畅无阻，然后沟通就只是细化作业而已。沟通必须对双方都有好处，如果只是单方面受益，彼此关系就会变得对立，要再沟通就会很困难。

4. 行动（Action）

真正的营"消"始于售后。厂商要想使消费商保持忠诚，仅靠更多的利润分配是不够的，其基本工作仍脱离不了根据消费商的意见不断地改进产品和服务，以便更好地满足消费者的需求，也能让消费商实现更好的消费和赚更多的钱，并使消费者能够为消费商介绍新客户，计划、发展、沟通和行动四者都必须是持续的。

PDCA营"消"体系模式须注意以下问题。

首先，厂商要考虑自己能为消费商带来什么。要问问自己："我应该朝哪个方向努力，才能使消费商得到他真正想要的？"

其次，厂商必须清楚消费者是向消费商购买东西而不是向公司购买，而且消费商总是乐意为自己了解并信赖的朋友推荐产品。因此，消费商要花费一些时间，同那些能够接受营"消"理念的人建立良好的关系。

再次，厂商要确定自己使用的营"消"原则，是"赢—赢"哲学，即相信自己和消费商都能从交易中得到自己所需要的。

最后，厂商要保证 PDCA 循环的持续性。当有消费商在为你的产品卖力奔走的时候，厂商不要忘记给他们相应的回报，让他们体会到你感谢他们的心情，让他们觉得自己的辛劳是有代价的。

第四节 消费商的用武之地：价值思考

让消费者成为消费商，将大力促进消费活跃性及产销资本的良性循环，也将使更多的普通消费者合理分享到消费投资所带来的收益。下面具体来看一下，消费商有哪些用武之地和价值。

1. 消费者运营得当的企业，往往收获颇丰

谁也不会否认，抓住消费者，吸引数量庞大的消费者，并且将其转化为忠诚度比较高的客户、粉丝，对企业的好处很多。比如月活跃用户量比较大的淘宝、京东、美团等，往往都是行业里的标杆品牌。

用消费商的思维去发展消费者，可以帮助商家培养众多的粉丝型用户，为商家建立一个长期稳定的消费市场，提高在同行中的竞争力。

毕竟在消费商的模式设计里，包括消费返利、直销、O2O、共享经济、微商、合伙人等模式，消费者能够通过自己的购买支出，获得一定的返点，能够通过分享推荐等方式，获得额外的收益，这样对新顾客的吸引力比较大，而且也能留住老顾客，激发老顾客参与营销。

2. 帮助企业树立从消费者到消费商运营的思维

消费商既是一种理论、主张与模式，也是一种思维与工具。以前我们

有消费者思维，以消费者为核心提供产品与服务，通过各种办法提高消费者的满意度，争取让消费者分享推荐我们的商品。消费商思维比消费者思维迈上了更高的台阶，它通过现代网络技术，协调之前各类不对称的信息，为企业和消费者搭建平台，把中间商利润分享给广大消费者，使消费者既享受商品消费，又分享合理的利润分配，不仅满足消费者的需求、提高消费者满意度，还要给消费者分好处，增强其黏性。

消费商取代原来的中间渠道的地位，是一种厂家利益的再分配，分配给个人，尤其是对那些意见领袖（Key Opinion Leader，简称KOL）。消费商思维里有一点是必须要讲信用，必须确保产品与服务的可靠，推荐好的商品给身边的朋友与顾客，让他们不再费劲地紧盯产品，而是注意承诺的履行，积累口碑，形成良性的商业循环，从而让大家都受益。

3. 掌握一种低成本的企业经营与营销工具，用来开拓市场与增强竞争力

客观来讲，消费商可以作为一种成本较低的营销工具。在消费商、分享经济时代，人们不愿再做商家的免费推广者，很多商家也意识到这一点，开始返利于消费者，用这种办法来激励消费者参与产品的推广，吸引新顾客。

在理想的情况下，消费商运营不需要较大的投资，企业不需要提供基本工资，就可能通过利润刺激与适当的营销推广方式，吸引到一定量的消费者加入。

这里面至少有四个需要注意的事项，一是激励政策设计要能够打动潜在的消费商们；二是推广工作要到位，让足够多的消费者知道这件事情，从中转化消费商；三是合法合规；四是遵守承诺，按时给消费商结算费用。

4. 让更多普通阶层掌握一种创富工具

对个体与从业者来讲，消费商还是一种创富工具。消费商往往不需要囤货，不需要开门店，不需要雇用员工，只需要把推广工作落实，把产品分享出去，就可能实现赚钱与省钱。

可以说，它是一种轻资产的创富模式，如果有条件有时间，可以当作

第一职业来做，如淘宝客，也收入丰厚。但大部分人可能只适合当成兼职业务，毕竟大部分开发客户的能力与组建销售团队的能力不强。

5. 建立消费商联盟，再造企业竞争力

如果我们发展了大量的消费者，从中转化出一定数量的消费商，建立起联盟，那么当一款新产品上市，通过消费商联盟，就可能带来几万、几十万的销量。

比如小米的粉丝联盟，就运用了消费商的理论，是非常有代表性的案例，它的粉丝联盟就相当于忠实消费者的联盟。在小米历次举行的新款手机预售中，粉丝联盟都扮演着至关重要的角色，如小米开放 MIX 2 和 Note 3 的预定登记后，参与的用户数量很快就超过了 10 万，以至于小米暂停登记。

消费商理论认为，作为社会公民的一员，企业和其他类型的公民都对社会负有伦理道德义务，不仅要确保产品质量符合相关检测标准，而且应该在力所能及的范围内反哺社会。消费商模式以资源节约、环境友好为产业和产品的载体，厂商与消费者以联盟的身份共同合作，努力打造更大的社会福利蛋糕，这是非常有利于社会和谐的商业运营模式。

一个企业，尤其是一个成功的企业，在当今的经济社会当中可以算是一个强势群体，一方面它在为社会创造财富，另一方面社会财富也更多地集中在这些成功的企业当中，所以它应该有责任帮助社会上的弱势群体。从这个层面来理解消费商运营模式的话，消费商就像是孔子所说的"己欲立而立人，己欲达而达人"，主动担负社会责任。

另外，在和谐社会的建设方面，消费商也有特定的作用，主要表现在以下几方面。

（1）按照有效的经营模式，消费商企业一般要以消费者、消费商、合作伙伴共赢为诉求，最好是以社会福利最大化为诉求，这样才能发展得更好。消费商企业不能只考虑企业利润，还要考虑信任和支持你的合作伙伴，考虑企业应该承担的社会责任。

（2）消费商企业如果走上正轨后，往往具备较强的核心竞争力，通

过发展不断壮大自己的实力，不断增强经济效益，同时可以为社会提供更多的就业岗位，从而创造社会财富。

（3）消费商企业通过分红与激励制度建设，架设财富分配的新通道，让更多人可以从企业的发展中获得红利，实现收入水平的提高，促进公平正义、安定有序局面的形成。

无论是消费商企业，还是从业者个体，从自身做起，诚信待人，互助共赢，采用有效的创富办法，必然会吸引更多的人聚集到你身边。

第四章 解读消费商九大模式

宏大的理论与主张、思想只有在变成具体的商业模式后,才可能在市场上爆发出能量。虽然说市场化会让思想充满"金钱的味道",但必须注意的是,消费商本身就带有一个"商"字,它从诞生开始,就自带商业"基因"。

一个普遍的现象是,凡是在市场运作中比较成功的商业模式,往往既能造福运营者(很多时候就是企业),同时还能给消费者创造价值,改善社会公众的生活。

从最近20年的情况看,消费商理论在具体实践中至少催生了九种商业模式,包括直销模式、O2O模式、F2C与C2B模式、共享经济模式、微商模式、分享消费体验模式、消费返利模式、合伙人模式、消费商股东股权模式等。

第一节　直销模式

世界直销协会对直销模式的定义是：在固定零售店铺以外的地方（如个人住所、工作地点或其他场所），由独立的营销人员以面对面的方式，通过讲解和示范方式将产品和服务直接介绍给消费者，以进行消费品的行销。简而言之，就是生产厂商把产品的销售场所延伸到了顾客家中，通过直销人员把产品卖到有需求的顾客手中。

据刊登在《投资与营销》杂志上的一篇文章，里面对直销的定义援引香港直销协会的说法，认为直销与其他通过电子媒介或邮递的直销模式不同之处在于，直销商将产品直接送到顾客家中或工作的地方，为个别顾客或众多顾客详细介绍、示范产品的特点与效能，并一一解答顾客的疑问。

我国的《直销管理条例》对直销做了法规层面的界定，在第一章第三条中这样描述："本条例所称直销，是指直销企业招募直销员，由直销员在固定营业场所之外直接向最终消费者推销产品的经销方式。"其中，直销企业也就是按该条例规定经批准采取直销方式销售产品的企业，而直销员是在固定营业场所之外将产品直接推销给消费者的人员。

上述对直销模式的定义都有一定的合理性，不过要想更客观地理解直销模式，下面的阐示也许更通俗易懂。生产商将产品制造出来之后，不建立中间商环节，而是通过招募与发展直销人员，直接把产品销售到顾客手中。在这种模式中，销售场所不再固定，可以是店面、家中或任何一个场所。

目前市场上常见的直销模式主要有以下几种。

（1）专卖店+直销员，即企业既开专卖店，同时也发展直销人员。

（2）按区域开设店铺，作为商品的库存与物流中心，并不对社会公开销售，同时在该区域配备直销人员，展开销售工作。

（3）没有门店，全力发展直销人员，形成层级体系进行销售。

也正是多种直销模式的实践，在直销这块商业阵地上，产生了相当多的影响力比较大的品牌，如安利、完美、天狮、无限极、玫琳凯等。

公开资料显示，早在1945年，纽崔莱公司（曾经是独立公司，后被安利收购，成为安利旗下一个品牌）的创始人麦亭杰和威廉·卡森伯瑞就开始尝试这种销售方式，它的操作模式如下。

（1）直销员从他们两人处直接进货，可拿到35%的折扣。

（2）直销员如果能够吸引25人加盟，每位加盟者都能购买一个月的量，那么直销员就可以晋升为保荐人，他自己的客户就可以直接向他订货，其利润就相当于销售额的35%。

（3）下线直销人员也能从销售额中提成。

整个体系当然不只是上面那三条那么简单，它还有很多内容，层级制与层层分红的特征非常明显。但纽崔莱并没有成为直销标杆，反而是这家公司的两名直销人员重新谱写了传奇。20世纪50年代，纽崔莱的直销员杰·温安格和理查·狄维士离职后，创办了后来赫赫有名的安利，推出新的直销机制，主要卖清洁剂，并且大获成功。他们用两年时间发展了200多名直销员，4年后到加拿大开分公司，6年后安利已经组建了一支由8架飞机组成的专业机队。

1975年，美国联邦贸易委员会指控安利非法设定价格，夸大收入，并怀疑安利公司以金字塔方式运作，开始对安利进行全面调查。但1979年最终裁决的结果却是，安利从事的直销属于合法事业。2002年，安利全球营业额高达45亿美元，其中在中国的销售额是60亿元，2003年增长到106亿元，一度拥有13万活跃的营销大军和4000多名员工。

另一家雅芳公司，也曾是直销领域的急行军。虽然在进入中国25年后，也就是2015年，市场就有传闻雅芳退出中国市场，但到2016年9月时，据华西都市报的报道，雅芳并没有退出中国市场，而是改以店销为主，直销业务暂处停止状态。

《发展导报》的消息显示，从2011年到2014年，在中国直销行业整体业绩逐年上升的趋势下，只有雅芳一家直销企业在这4年的时间里业绩持续下跌。而且2015年11月4日发布的年报显示，雅芳第三季度亏损达到 6.97 亿美元，约合 44 亿元人民币，一直在调整中的中国市场也在第三季度亚太地区中处在领跌位置。

1990 年，雅芳进入中国，而且是第一个在中国拿到直销牌照的外资企业，到 1997 年，雅芳在中国的直销人员一度增加到 35 万人，营业收入超过 10 亿元。高峰时期，雅芳在全球拥有大概 4.3 万名员工，独立营业代表超过 440 万人。

从模式上看，雅芳设计了一套"美容代理直销+多层次奖金"的体系，培养活跃的营业代表，让营业代表发展亲戚朋友。一般来讲，加入雅芳成为营业代表后，买产品可以打折、获得消费返利、拿投资返利，而且发展新人后，还有奖励。

据雅芳直销人员透露，雅芳营业代表激活需要购买 500 元产品，产品享有 0%~30% 的折扣。初级领导每个月个人完成 2000 元的营业任务，可发展 5 个营业代表。随着销售额的提升，这些营业代表的等级也会提升，相应的优惠折扣就会增加，提成也水涨船高。

在 20 世纪 90 年代的中国，这种直销模式还是非常有渗透力的，加上雅芳具有雄厚的外资品牌背景，市场上推销的产品不像现在这样泛滥，人际之间的营销局面还是容易打开的。

然而随着移动互联网的普及、新一代消费群体的崛起，以及各种化妆护肤品牌层出不穷，雅芳的直销模式风光不再。商务部市场秩序司曾于 2015 年公布的一份《直销行业发展报告》显示，安利的直销员依然有 155 万，而雅芳只剩下 709 人；2014 年时，安利的直销员超过 104 万人，而雅芳显示有 712 人。

而且，雅芳在其他国家的业务也很艰难，2015 年年底，雅芳同意以 1.7 亿美元的价格出售其北美业务 80% 的股权。而且 2015 年时有媒体报道，《长江商报》的记者试图联系雅芳中国相关人员进行采访，却"基本找不到人"，雅芳中国上海总部和广州大区的品牌公关负责人纷纷离职。

是不是所有的直销企业都做不下去呢？其实也不是。根据商务部直销行业信息管理系统数据统计显示，截至2018年1月26日，我国共有90家企业正式获得直销经营许可证。其中，参与统计的63家企业在2017年合共取得了1964.43亿元的业绩。继2015年和2016年后，无限极在2017年再度荣登"业绩冠军"宝座，但213亿元的业绩，与2016年的270亿元和2015年的283亿元相比，已有一定幅度的下滑。2016年屈居第二的完美在2017年取得了200亿元的业绩，与安利并列第二。

从直销员从业者数量来看，截至2015年年底，直销员有306.66万人，同比增长39.97%。直销员超过10万人的有4家企业，共计282.65万人，占直销员总数的92.1%，直销员低于100人的有29家企业，占企业总数的41%。"穷者越穷，富者越富"的马太效应相当明显。

曾经有代表性的直销创富案例要数安利，皇冠大使在一时间被视为直销榜样，当然，要成为这样的角色，其实难度挺大的。据安利官网的信息，这些皇冠大使经审核后，可以成为安利全球政策咨询委员会的成员。

世界直销协会2002年的统计显示：全美有1220多万人在参与直销业，而全球有超过4368万人参与直销行业。

为什么直销模式能成为众多企业热衷的发展路径呢？主要有以下几点原因。

（1）符合整个大趋势，无论是当前的竞争，还是未来的PK，谁拥有更多的消费者，谁就取得了优胜权。但靠什么占有消费者呢？品牌、质量、技术、信誉、零售终端、服务、口碑等，都不可或缺，但还有一个撒手锏是：把消费者从单纯的买方转变为企业的利益分配者，将产品的购买者转化为产品的经营者。

如何完成这一转化？直销员面对面地向消费者展示产品、交流，就生活与工作中遇到的问题进行交流，通过有温度的服务将产品价值传递给消费者，让消费者不仅认可产品，还愿意推荐产品、经营产品，从而形成直销网络。

（2）渠道的变革。现在的渠道很多，零售终端也不缺，但能够吸引消费者、打动消费者的渠道却不多，以前店铺柜台喜欢坐销、开门等客，现在要主动送货上门、服务上门。

（3）需求的决定。对于一些销售与能力相对比较强的人来说，直销确实是一个创收的机会。笔者在调研中发现，经常有一些营销人员会兼职从事一些直销或微商方面的业务。另外，对于一些缺乏高水平技能的人群来说，直销是一个可以考虑的职业机会。客观来讲，直销确实创造了一些就业创业的机会。

虽然说整个大环境还是需要直销模式，但不可否认的是，很多企业在这条道路上越走越难，包括一些持有牌照的公司，以前增长强势的品牌也面临总收入下滑的态势，如安利曾连续三年业绩下滑，无限极、完美、玫琳凯等排名靠前的直销企业，也都没有摆脱业绩下滑的命运。

这主要是受用户消费习惯变化、销售环境变化、互联网发展等因素的影响，"80后""90"后更喜欢通过京东、天猫、唯品会等渠道购物，喜欢在微信朋友圈、微博上获取信息，传统的熟人面对面推荐与人际销售反而跌落神坛。

客观来讲，传统的直销模式也有一些"坑"。例如，有些企业打擦边球，涉及多层分销，甚至传销，导致大家都把拉人头赚提成当作了习惯，造成恶劣的社会影响。有些企业夸大宣传，用少数几个成功的案例做示范，甚至编造虚假的成功案例，欺骗新人入局。此外，普通业务人员可能赚不到钱，还要贴钱，比如贴自用产品费用、培训费、交通费、通信费、市场开发费用等；一些直销产品品质不高，价格却不低；洗脑式的培训，不谈钱光谈感情、谈愿景，却无法解决大量普通直销员的客户开发问题。

直销模式该走一条怎样的道路，又该如何创新呢？笔者觉得有必要抓住以下几点。

（1）可以考虑将传统的线下直销搬到线上来，如用微分销体系激活，此前曾经爆发的微商，以及现在依然生命力顽强的微分销们，其实不少就是线上的直销。

（2）增加直销人员的稳定收入，同时给活跃直销员更高的提成。毕竟以前的直销人员绝大多数是没有基本薪酬的，光靠卖产品获得收入，这非常难。以前可能还会多坚持一点时间，但现在这个社会，选择的机会那么多，可能一两个月没有创造好的业绩，直销人员就无法坚持下去。

（3）多渠道发展，一方面打造直销渠道的专供产品，另一方面考虑线下店的布局与电商业务的开发，如丝芙兰、Ulta Beauty，就在走这样的变革路线。

（4）分销的层级制必须严格限制，杜绝多层次链条，杜绝拉人头，而应该培养每名直销人员的营销能力。

（5）直销企业必须重视自身的品牌美誉度，并且确保产品质量，以此支持直销从业者的事业，保障消费者的合法权益。

第二节　O2O 模式

2014 年的时候，O2O（Online to Offline，线上到线下）曾经风靡中国，成为当时最热门的财经与互联网词汇之一。

只从投资的数额来看，这块市场吸纳的资金估计有上千亿元。大潮总有退去的时候，但这次没有留下"满地鸡毛"，O2O 成为消费商的重点落地模式。催生了一大批以 O2O 为核心经营模式的企业，同时 O2O 也被众多企业视为经营思路、策略与实战工具，如苏宁易购、饿了么等。

在初级阶段，O2O 是把线上的消费者带到实体店去参与体验消费，可以在线上了解信息、比较与购买；在线下到店观看、体验与详细沟通，获得线下门店提供的物流、安装或其他线下服务。

经过这些年的发展与积累、打磨，O2O 形成了以下几套思路与落地路径。

（1）线上为线下引流，如大众点评、美团、饿了么、百度外卖等，通过线上的流量，给线下合作商户带客户，线上平台从中赚取交易佣金与广告资源费。

（2）线下为线上导流，充分利用线下门店的体验优势，外加线上购物支付的便捷，实现线下体验+线上销售的闭环，有些顾客买东西，可能先到商场里看一下、试穿试用，记下价格与款式，然后到网上再比价，如果网上更便宜，就可能在网上购买。

（3）线上线下O2O融合，渠道跨界并行，一方面开通线上网店，如天猫旗舰店、淘宝店、官方独立商城、微店或京东店等；另一方面发展线下销售网络，招募加盟商，运营实体店。这里面又有两种具体的模式：一是打造互联网品牌，提供电商专供产品；二是主打直营店的企业，推行线上线下同价，线上提供门店的展示位置与沟通渠道，门店可以扫码到网上购物。

值得注意的是，O2O模式的落地与创新并没有停止步伐，前面说了初级阶段，也就是1.0版本的O2O，现在说说中级阶段2.0版本的O2O，一些纯粹的O2O品牌产生，服务性电商爆发，如上门送餐、上门化妆美甲、共享单车、上门洗衣等，都是O2O在一些生活场景领域的应用案例。

在2.0阶段，O2O的用户量井喷，使用频率和忠诚度都有明显的改变，可以说与大家的日常生活融合到一起，人们习惯使用一些O2O的工具，如滴滴打车、饿了么、e袋洗等，到这个阶段，消费者运营的水平已经比较高了。一些O2O的应用动辄拥有千万级的用户量。

到了3.0阶段，O2O继续细化，更垂直更有深度，渗透力度也更大，如专注于快递物流的速递易、专注餐厅排位的美味不用等、专注于快速取餐的速位，以及像饿了么的蜂鸟系统、京东的京东到家等，正式对接第三方团队和众包物流，采取用户抢单的模式，为附近的客户快递送货，发展社会化的全民快递。

不过对于绝大多数企业来讲，还是将O2O视为一种获客工具，它的基本运转模式如下。

（1）线上平台，有官网、公众号、微博号、网店等，入驻第三方流量平台，提供企业实力、产品信息、消费指南、优惠信息、便利服务、客户案例、评价等展示。

（2）线下网点，有门店、旗舰店、独立店、店中店等，提供产品展示、下单与线下的各种服务等。

这里面又涉及五个环节：引流、转化、购买、反馈、留存等。

引流：线上平台获取访问量，吸聚有消费需求的顾客，打动线上顾客。同时在线上平台提供线下销售网点的展示与客服咨询通道，将线上的顾客向线下店引流。

转化：线下平台向访问者提供详细的网点信息、优惠、服务等，方便访问者搜索与比较，吸引在线下单，或者吸引到店下单，完成消费决策。

购买：顾客利用线下获得的信息，进行综合比较后，在网店下单，或者到实体店下单，接受服务。

反馈：此阶段消费者已经不是顾客身份了，而是消费者将自己的消费体验发到线上，如大众点评、微信朋友圈、BBS等渠道。企业需要注意这些口碑，如果发现有投诉或负面评价，建议立即联系消费者进行改进。

留存：线上平台有一个很大的优势就是，它增加了更多的链接，如让客户成为会员、吸引顾客与客户关注公众号，从而更好地维系消费者之间的关系，使顾客成为客户，使老客户重复消费，激发老客户介绍新客户。

第三节　F2C 与 C2B 模式

在消费商落地模式里，F2C 是一种还没有广泛普及的模式。

F2C 指的是 Factory to Consumers，即工厂到消费者的模式，产品从生产厂商直接售卖到消费者手中，没有中间商和渠道商。看到这里，有没觉得与直销很像？二者都没有中间渠道，直接从厂商到消费者手中。但它又和直销不一样。

而 C2B 的全称是 Customer to Business，正好反过来，从消费者到企业，消费者先提出需求，生产企业把需求收集起来，按需组织生产。

消费者可以通过 F2C 平台定制符合自己想法与需求的产品，厂商可以根据客户需求来安排生产制造，控制成本。这又有点像 C2B 了，根据客户的需求实现个性化定制。

比如农产品的销售，农产品从农场直接卖到消费者手中，实现从产地到餐桌，一方面，消费者可以提出自己想要的农产品；另一方面，农户或农场可以根据消费者的需求进行种植与生产。当然这种需求不一定是单个需求，很多时候都是将多个小区居民的同类需求聚合到一起，然后批量满足。

再看 F2C 模式在装修领域的应用，从装修材料到消费者的链条比较长，中间存在不少中介，传统的模式如下图所示。

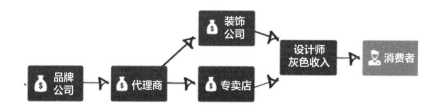

较长的经营链条抬高了建材的价格，致使品牌厂家远离消费者，不利于获知需求与提高消费者运营质量。在 F2C 模式的推动下，一些中间渠道会消亡，有可能形成从工厂到消费者，或者从工厂到装修公司，再到消费者的模式。

有一家名叫乐豪斯的房地产精装修公司，推出"拎包入住"式装修，从装饰到主材，从家具到软装、家电，为业主提供一站式服务。其中就涉及 F2C 模式的应用，该公司的装修主材和家具、软装产品，都是乐豪斯品牌的，都是从乐豪斯全国各地的工厂直接定制生产的。

作为一种去中介化的思路，F2C 也正改变着传统的交易方式，让消费者和企业之间的沟通更加便捷，成本更加节省，消费商运营的成功概率明显提升。这方面的典型企业还有宝洁、GUCCI 香氛、国窖 1573 等。

还有一种 C2B 模式，它在某些环节上，与 F2C 存在交集，它是消费商模式中的一个高级阶段，将消费者的需求放到了更高的重视程度，F2C 是从工厂到消费者，而 C2B 则是从消费者到企业，先有消费者需求，后有企业生产，也即先有消费者提出需求，后有生产企业以消费者为核心，按需求组织生产。

C2B 模式里又有一些不同的道路，如定制价格、定制产品、模块定制、参与定制、聚定制等。其中模块定制提供的是模块化、菜单式的有限定制，给消费者的选择空间是有限的，企业可以进行模块组装，如奥迪、宝马这些汽车的定制，基本上就是模块定制。

参与式的深度定制就相当个性化了，消费者能参与到设计环节，厂家可以完全按照客户的个性化需求来定制，每一件产品都可以算是一个独立的 SKU（Stock Keeping Unit，库存量单位），如服装、鞋、家具定制等，以定制家具为例，每位消费者都可以根据户型、尺寸、风格、功能完全个性化定制。

在 C2B 模式阵营里，典型企业有尚品宅配、欧派、红领西服、衣邦人等，取得了相当不错的成绩。以尚品宅配为例，其从事衣柜、橱柜到全屋家具的定制，2015 年营收 30 多亿元，2016 年营收超过 40 亿元，2017 年上半年营收 21.45 亿元。

第四节　共享经济模式

网上有一个段子：昏昏沉沉的下午，开着滴滴出门溜达，顺路载几个附近的乘客再回办公室写稿；心情烦躁的时候，带着别人分享的购物清单去超市买买买；出门度假时，把空房间用 Airbnb 租出去……

这说的就是共享经济模式：不需要固定的办公室、没有规定工作内容的合同、工作时间灵活可变、不用买汽车、不用买自行车、不用买房，甚至连雨伞、充电宝都不用买，因为有共享的。

为什么说共享经济会是消费商的一种商业模式呢？这要回到对消费商概念的理解中，消费商讲的是运营消费者，将消费者发展成为经营者与推广者的模式，而共享经济里，大多数消费者同时是经营者和产品与服务的提供者。以共享打车中的滴滴出行为例，对于有车一族来讲，他们可以申请成为滴滴司机，提供车辆服务，获得收入，成为经营者；他不开车的时候，也可以用滴滴打车，购买交通服务，这时候他是消费者。而且滴滴出行还在推行几种具体的消费商战术，就是介绍其他司机成功加入滴滴，成为快车或专车的司机，推荐人还能拿到奖励。另外，每次乘客打完车之后，给司机打分与评价，再将页面转发给朋友，有机会抽取打车券，这其实是基本的消费商营销技巧。

在不同的领域里，共享经济模式正在衍生更多的细分模式，如共享交通。目前已经出现了共享租车、共享驾乘、共享单车、共享停车位等类型，甚至还有游艇共享，如美国 Boatbound、海易出行（海尔产业金融和易到用车成立的合资公司）等。

最近几年，陆续出现了一些共享车位的平台，比如在成都市场推广的"私家车位"APP，车主可以在该平台发布车位闲置的时间段，有需求的用户可以在线租赁，虽然成交情况并不理想，但也算迈出了这一领域的一步。而在杭州，也有一个名为"共停"的城市级共享泊位平台启动，由蚂蚁金服提供实名认证、信用、支付、线上运营等能力的输出与支持，用户可以预约停车，或者发布车位。

在这种共享模式里，业主既是车位的购买与长期租赁用户——这时，他是消费者；有了共享车位平台，他可以在车位闲置期里，将车位租出去——这时，他变成了消费商。当然，现在这种共享车位还没有得到大范围的发展，尚需要经历较长时间的市场考验。

共享空间包括共享住宿空间、共享宠物空间及共享办公场所空间等产品形态，典型企业如 Airbnb、WeWork、3W 孵化器、途家网、小猪短租等。

共享金融领域中，有 P2P 网贷模式与众筹模式，如陆金所、人人贷、众筹网等。

甚至还有共享美食的模式，如爱大厨、好厨师等，好手艺的大厨可以充分发挥自己的特长，在闲暇之余为他人提供高品质美食，并由此获得收入。

共享医疗健康模式也出现了，如对健身场馆及健身教练的分享使用。还有共享公共资源，如购买闲置太阳能光伏系统，然后租赁给用户并提供安装等周边服务。

还有一家云南文化旅游产业园，也引入了消费商的共享模式，设计了一套共享机制。具体做法是，该项目分成独立的单体项目，按阶段性陆续完成；然后拿出一定比例提供给消费商参与，和消费商产生联系，成为利益共同体。

同时，让消费商熟悉项目内容以及发展方向，旅游开发资源与消费商共享，单体项目旅游开发（部分包括后期）利润，与消费商共享分配。

消费商在享受产业园区单体开发项目的知情权、参与权、分配权的同时，也有义务为产业园区所参与的单体项目进行宣传。除了进行单体项目的宣传，产业园区的各项文化理念，文化产物（影视作品、含有文化符号的产品、书籍、动漫）也会通过消费商自身的资源展开渗透、传递，最大限度提升产业园区的影响力。

面向所有消费商开放合作的单体项目，都经过计算，按周期陆续向消费商开放，充分利用消费商的传播能力、开发能力，集中力量完成各阶段所开放的园区单体项目。他们在落地消费商模式的过程中，表示能够保障消费商利润分配持续实施，从而吸引更多的消费商加入，提升与消费商之间的黏性，实现消费商价值最大化。

该文化旅游产业园为平台方实施市场运作，采用市场引导性消费（信仰分享式消费理念），植入体验式消费场景，开发旅游特色产品，引导游客快乐消费，在推动地方旅游与文化创意产业、带动更多农民就业创业方面，具有一定的创新价值。

第五节　微商模式

早期的微商带有一定的直销色彩，但销售场所和方式与传统的直销差别比较大，微商主要是通过微信朋友圈、微信群、微信好友等渠道销售，最根本的还是要发展消费者与运营消费者，可以说是最近五年里最热门的消费商实战模式。

早期的微商模式，走的是"层层囤货的微商操盘路线"，它的典型特征是将传统的线下招商搬到互联网上，产品流转路线主要是从大区、总代、市代、一级、二级、特约到消费者，中间设置4~6个层级，同时层层囤货。代理通过投入一定量的资金，购买商品进行囤货，从而拿到更优惠的进货价，以便获得给下级代理发货的利润差。

这种微商模式确实发展了大量消费商，但从结果来讲，主要是企业和顶层有资源的代理可以赚到钱，而大部分底层代理由于找不到下级代理，货物囤积在手中，成了消费者，而成不了消费商。

当大部分产品无法真正到达最终消费者手上时，企业建立的这套微商运转体系就会崩塌，所以大部分微商品牌在前几个月声音很大，后期却面临多种困难，甚至销声匿迹。这种模式也一直广受诟病，很多人都做不下去。

第二种微商模式称分享推荐制，任何一个消费者都可以通过分享推荐企业的商品，赚取成交后的佣金，是按交易效果付费的，常见的有各种微店平台的分销，如国美微店等，消费者可以在上面开店，成为店主，或者说转发上面的产品，有人购买后，自己就能拿到提成。

这种微商模式不需要囤货，大多数不需要投入资金，当然，如果想自己开个微店，把业务做起来，一般需要几百元钱的微店加盟与装修费，后期推广的时候，还得靠自己拉人、加人与转化。由于层级有限制，往往也就是两层，刚加入的店主或消费者最多能够发展一个层级的下线，赚不到暴利，需要的是踏踏实实卖货。

典型案例如云集微店。不过，云集模式里发展新店主的方式，因为涉嫌传销被罚款958万元。随后，云集开始进行调整，现在的经营模式如下。

（1）要成为"云集微店"店主，经已注册店主邀请，要支付398元的注册大礼包费用，相应得到一套"素野"品牌的多肽赋活修护套装。"素野"是云集微店的自有品牌，在云集微店上的售价为399元，店主向他人每售卖一单可得119.7元佣金。

（2）成为店主后，可邀请其他人加入成为新店主。店主邀请新店主满100人（个人直接销售20个，团队销售80个，加起来销售100个大礼包），即可成为"主管"。团队人数达到1000名，培养主管30位，即可申请成为"经理"。

（3）店主只有发展成为主管以后，才能拿提成，成为主管后，主管所带领的团队每新发展一名店主，主管能从398元的平台服务费中拿走150元，主管的上线经理能拿走80元。这在店主群内被称为"培训费"。

（4）除了培训费外，主管的收入还包括团队整体的销售提成。店主每卖出一单都将获得商品单价5%~40%的佣金。主管则通常获取店主销售利润的15%，称为"服务费"。主管及经理均与云集微店签约兼职劳动合同，培训费和服务费均由云集微店统一于15日发放。

（5）店主每邀请一个新店主，本人可得40云币，被邀请人可得20云币。1云币同等兑换1元人民币，可在云集微店上直接使用。云币与团队主管没有关系，但该店主邀请新店主，主管可获得培训费。

（6）店主邀请的新店主，与店主暂时没有销售利益关系，但算作团队人数，不断累计，为日后升级主管打下基础。

（7）主管会在店主群内培养"候选主管"。只要店主达到主管要求，便可将团队剥离自行运营。主管间层级相同，利益与前主管已不相关，但凡新进店主都算作原主管的团队人数。目的是升级成为经理。

第三种微商模式可以归结为零售微商,以品牌/个人直营零售或是以品牌为中心的微商生态体系,说得简单一点,就是生产厂商自己开微店,通过微店卖产品。这种模式发展相对较慢,但一旦打出名气,吸聚一定规模的粉丝群体,就可能引爆。例如,在母婴产品领域颇有名气的"糕妈优选",凭借自媒体获得的上千万粉丝,实现了年营收数千万元的目标。

零售微商可以发展自己的微分销体系,从产品到消费者的代理层级不能太长,不超过3级,层级间的利润分配进一步合理化,并且建立起面向微商的培训体系,重点在终端零售转化和用户口碑传播。不要求代理商囤货,或者提供少量试用产品,设计合理的微商分级和晋级制度,让代理也有足够的动力去营销。

采用这种微商模式的企业很多,如五粮液果酒、韩束、康恩贝等。

下面介绍几个还在持续运营的微商平台模式与案例,后面的章节中还会就微商的具体落地技巧与案例进行分析,以便更具可操作性。

除了上面讲的微商平台外,还有一些微店工具模式,如有赞、微盟、微信公众平台、微小店等,这些多边商业模式,在商家群体里的影响力比较大,但在吸引消费者的能力方面严重不足。

其中,有赞的影响力比较大,既能开微店,还有小程序,提供的营销方式也比较多,与很多行业结合得比较紧,如有赞餐饮、有赞美业等,大多数线下门店都可以部署。有赞在运营两年之际,已经吸引了60多万商家、300多家服务商,覆盖用户接近2亿。

就具体做法来讲,有赞自己并不卖货,只是服务平台与工具提供者,商家可以入驻有赞开店,能够在上面装修店面、推广店面等。有赞设计了一套分销系统,供货商和分销商入驻有赞平台后,通过分销商或有赞商家来帮供货商卖货,直接给消费者发货。

所有的商品不需要采购,采取的是待发货的模式,商家看中了供货商的商品,看了商品的销量和评价,觉得商品好,就可以直接转到店铺里上架。

分销商不需要囤货,卖出去之后,即可赚取差价。同样,虽然供货商向有赞交了保证金，但如何保证商品的真实性，保证让商家不卖假货，做到真实、有效的管理，也是需要解决的问题。

就有赞的赢利模式来看，它有几个收费的地方，也是更高级微商模式的落地表现，如它的高端定制服务，因为部分产品面向商家是免费的，而大部分服务要收费；它还设立了一个会员俱乐部，会员享有产品优先权与优惠特权，铁杆会员6000元入会，VIP会员25 000元入会；有赞沙龙，一个月两次，采取收费制。并且，要成为有赞的供应商，需要缴纳一定数额的保证金，由有赞做担保，自然，这也会沉淀一部分资金。只有当供应商退出有赞，所有分销订单交易完成或关闭后，保证金才退还。

再看微信公众平台，它本身并不是为了微商工具而生，但被当成了微商工具，很多消费商企业与从业者，都喜欢用微信公众号来开发业务。例如，通过微信公众号搭载微店，来销售自己的产品，毕竟公众号的粉丝都有一定的黏性，甚至可能是老顾客，当公众号吸粉到一定数量后，卖货就水到渠成了，而且是以零售为主的销售方式。不过，这对于一般的微商新人来说，没有老顾客的积累，没有粉丝的沉淀，就很难做起来。

但是，如果公众号沉淀的粉丝量比较大，就容易做起来。这方面的成功案例也比较多，先把微信公众号做得非常成功，几万、几十万甚至几百万粉丝，然后转型做微店、做电商，直到开线下店，业务相当好。母婴类内容+精选特卖平台年糕妈妈就是这种微商模式的成功实践者，年糕妈妈的创始人李丹阳毕业于浙江大学医学院，获医学硕士学位。她在2014年生下儿子后，离职当起了全职妈妈，在家相夫教子，因儿子小名叫年糕，便自称年糕妈妈。因为是医学专业毕业，加之悉心学习育儿知识，又乐于分享自己所学，李丹阳逐渐成了身边妈妈群体中的育儿专家，后来开设了育儿公众号"年糕妈妈"，故事就从这里开始了。她的公众号定位于向新手妈妈们提供靠谱、易懂、接地气的科学育儿资讯，涵盖睡眠引导、辅食添加、营养保健、亲子教育、语言认知和辣妈心经等板块。

两年多的时间，该公众号吸纳了500多万的粉丝，成为互联网母婴垂直领域里名列前茅的微信公众号，每篇头条文章的平均阅读量在70万~80

万，最高达到 200 多万。

伴随公众号粉丝效应的引爆，年糕妈妈开始考虑对接电商，比较早的微电商试水要追溯到 2014 年年底。2014 年 12 月 9 日，公众号一篇推文《宝宝皮肤水润润，冬季护肤三部曲》，介绍了几种冬季护肤的方法，其中提到一款湿疹霜，非常多的粉丝在后台留言，想要购买。年糕妈妈李丹阳就主动找了供应商，促成了第一单团购。半天时间，十几万元的产品全部卖完。

李丹阳突然意识到，本来的小打小闹，居然能有这样好的效果。试水电商后，李丹阳组建了由经验丰富的妈妈买手组成的买手团队，每项售卖产品均需团队 3 位以上成员试用并出具试用报告，产品上架前年糕妈妈和小年糕要亲自体验把关，然后用有赞微商城开起了自己的微信小店"糕妈优选"。此后业绩一路攀升：2016 年"六一"大促，10 分钟卖完 3000 套积木、2 小时卖完一万套英文绘本，单天营业额过千万元。2016 年 7 月，年糕妈妈粉丝总数突破 500 万，月营业额超 5000 万元；2016"双十一"，电商已经势不可当，发货 60 万件，当月粉丝破 600 万，销售额破 8000 万元。

该平台销量最好的是玩具、绘本，奶粉和纸尿裤占的比例反而较小，只占 20% 左右。据李丹阳透露，糕妈优选平台月均营业额稳定在 5000 万元左右，最高单月营业额突破 8000 万元，最高单日营业额突破 2000 万元。很显然，糕妈优选已成为内容电商领域的领军者。

现在的糕妈优选，不仅销售母婴类的产品，还做团购、付费内容、品牌广告等，平均每月的 GMV 已经达到 5000 万元。

不过，值得警惕的是，在众多的微商模式实践者中，存在一些违法违规的现象，比如设计比较多、比较复杂的微分销层级，靠拉人头赢利；或者发展代理的过程中，要求加入者预缴一定的代理费，或者是产品质量没有保障，欺骗消费者等，这种现象是需要避免的。

企业想发展得长久一些，需要将产品送到消费者手中。想要进入到消费者手中，适量的代理是必要的。但是，若所有的代理都以招代理为主，而没有几个人想要去卖货，那企业的最终结局不可能好。

所以企业如果真正想让产品被市场接受，真正地把产品销售给终端顾客，在发展代理时，不妨要求招募者的零售额必须达到一定的业绩，才可以招收代理，并且还是限量地招收。这样的方式，前期会慢一些，却是能让企业真正长久存活的方式。

而对于一般的代理来说，当你做的品牌能够较为长久的存在，他们还能教会你做零售；当你达到一定的业绩之后，就可以招收代理，保证你在稳定的基础上发展得更长久，这才是真正良性的微商模式。

第六节　分享消费体验模式

分享消费体验，顾名思义就是消费者把自己的购物体验、使用体验，以及拥有产品后的各种体验写出来、晒出来，分享给朋友、分享到各种网站上。在这种思路下诞生了不少模式的实践者。

一方面，有专门的分享消费体验平台，平台自己会组织一些消费体验的分享，推送一些产品，同时也会让消费者发布分享，如蘑菇街、美丽说、大众点评、天猫精选等。

当然，像京东、天猫、唯品会等电商平台，大多数产品详情页下方都有消费者发布评价与晒图的通道，消费者买完东西后，如果觉得不错，可以发好评、打分与晒图等；如果觉得东西不好，可以在线投诉、发负面评价、把自己觉得不好的地方写出来。这种消费体验的分享，会影响到很多后来者的购买决策，所以，电商卖家非常重视消费体验的好坏。

看一个例子——"什么值得买"是一家专门做网购产品推荐的网站与APP，定位成集媒体、导购、社区、工具属性为一体的消费决策平台，也就是为消费者的决策提供支持，帮消费者判断产品的品质，确认什么东西值得买。

其在2016年年中刚开始创办的时候以优惠信息为主,就是发布各种优惠打折的信息,后来加入了优惠精选、海淘、原创(晒物、经验)、消费众测、商品百科等频道,吸引网友推荐。

其中的优惠精选每天更新国内的促销信息,包括特价商品和促销活动,部分来自网友爆料,经编辑审核后,将优惠信息送达用户;发现频道里面有很多优惠信息量,以网友爆料为主;晒物广场主要是做网友产品的分享,发布网友真实购买经历和商品体验;经验盒子主要汇集网友独到的购物攻略、心得体会,起到购物指导和知识普及的作用;消费众测是做试用的,商家可以提交测试产品,网友可以免费申请试用品,体验和评测新产品,然后提交真实客观的众测报告。

在"什么值得买"的平台上,有一个用户成长体系,网友贡献的消费体验与推荐内容越多,有效爆料和有效投稿越多,就可能获得更多的积分与金币,这种虚拟货币可以在积分兑换平台上兑换优惠券、礼品卡和实物礼品等。

还有一种现象是,有些卖家雇用第三方给自己的店面刷好评,大量正面的消费体验密集出现,引导消费者购买。在百度上搜索"刷好评",居然有800多万条信息,而且还有专门的"刷好评"百科词条,阅读量已超过18万次。当然,这种做法是不道德的,对其他卖家不公平。淘宝也有这方面的惩罚规定,涉嫌刷好评可能被淘宝降权屏蔽,信誉甚至被淘宝清零、对卖家账户做冻结处理等。

另外，一些企业也将消费体验分享纳入经营计划，也就是鼓励消费者在自己的社交媒体上分享发布使用产品的感受，如果是正面推荐，企业会提供一定的奖励，或者根据消费者分享推荐促成的交易，予以提成；同时在第三方平台上，企业会动态关注消费体验的情况，及时回复网友的分享，处理消费者的投诉。

不少网店都有这样一项消费体验激励策略，如发好评，给折扣、发红包、送积分等。一些卖家甚至打出了好评即可获5元红包的宣传语。

看到这里，相信读者已经明白了，消费体验分享模式主要是借助两种途径激发消费者购买欲、吸引粉丝，并将其转化为消费者。

（1）积累消费体验，尤其是正面的、赞许的消费体验，从而营造比较好的口碑，吸引新顾客购买。

（2）激励消费者发体验、分享推荐，然后以给提成、发红包与赠送礼品等形式，鼓励消费者变成消费商，担任企业的兼职业务人员。

第七节　消费返利模式

有一种消费返利的模式，非常值得深入探讨。如果运用得当，把返利比例控制在合理的范围内，不失为一种运营消费者、发展消费商的策略。

消费返利从实际运行上讲，是指消费者在购物的同时，由商家提供相应的现金或其他产品的形式返还。通过这种返利，消费者可以得到更多实惠，这种形式可以刺激产生进一步的消费行为，破除因经济能力造成的消费障碍。而且，消费者可以借助消费返利平台参与产品的推广，实现消费投资与消费创业。

据不完全统计，以消费返利为经营方式的企业，多达 2000 多家，其中涉足全额返还的企业也有数百家，如返现网、易购网等，虽然返利模式的具体细节存在差异，但基本思想都是一致的，就是让消费者在消费的同时，能够获得持续的、更多的好处。

值得注意的是，这种全返模式存在很大的问题，也就是说，消费者在平台上买了东西之后，如果付了 500 元，平台会在未来一定时间内把 500 元陆续返还给这个买家。返还时间可能是一年也可能是两年，每次可能返几元或几十元。看似每个消费者每次获得的返利比例不高，数额不大，但如果有几十万，甚至几百万会员需要返利，情况就完全不同了。加之需要持续返完，资金压力是相当大的，而且最后返还的资金数额超过了平台从企业那里获得的佣金总量，中间的资金缺口难以补上，就可能崩盘。而从消费者的角度来讲，本以为成为企业的消费商之后，能够通过消费、分享、推荐与销售等行为，持续获得可观的返利，孰不知，企业的返利机制存在难以弥补的缺陷，崩盘风险随时可能到来——消费者在这类返利平台上购买大量的东西，甚至预存了不少费用，积累了很多积分，最终却因为平台倒闭，积分没法用，预存的本钱也拿不回来。所以，当加入这类平台时，一定要谨慎。

以广东某家企业为例，该平台在国内率先主打消费返还的概念，并且设计了一套会员体系与消费返还机制。具体来讲，就是通过网店与线下店聚合供需双方，商家加入平台之后，每单交易按照一定比例的成交额给平台。

平台从这笔佣金中给消费者陆续返还，以每天大概万分之五的等值消费比例进行返还，以消费积分的形式体现在消费者在该平台的会员账户上。

消费积分可以累积提现或者换购商品。另外，平台的会员可以介绍商家加盟和消费者在联盟商家消费，从而获得消费收益的一定比例提成。

　　凭借这种模式，以及大力的线下推广，该平台吸引了数量不小的会员量。不过，要想持续运营，返还比例与时点的控制、加盟商家数量的增加、平台交易额的增长，都显得非常关键，牵一发而动全局。对于企业的持续性经营要求和诚信体系要求更高，这在创新推动发展的同时，是一个对消费商理论非常大胆的尝试。

　　我们这里讲的规范化消费返利模式，最关键的是将返利比例控制在合理范围内，这个合理的标准怎么界定？应该根据平台能够赚到多少营收来决定。

　　另外，消费返利平台上的商家，在产品质量与服务保障方面，必须不打折扣，向优质商家看齐。我们来看几家互联网返利平台，它们持续运营多年，虽然营收规模不是非常大，但从消费返利的比例来看，相对比较正常，如返利网、返利无忧、折800等。以返利网为例，公开资料显示，2006年就已成立，拥有用户1亿多，与多家电商与品牌都有合作，百度词条上显示有2万多家品牌。它的模式基本上有以下几种。

　　返利商城：从返利网上购买，购物就可以享受到返利，包括天猫、淘宝、京东、苏宁易购、携程、1号店、亚马逊、聚美优品等电商网站。

超级返：品牌特卖，正品特价，限量抢购，每日10点和20点上新，最高返利81%。

返利卡：使用中信返利联名信用卡即"返利F卡"，在线下消费可以获得1%起的现金返利，返利范围覆盖数千万家银联商户。

这种消费返利一方面可以帮助企业吸引消费者，沉淀粉丝，提高消费者的忠诚度，也就是消费商里讲的运营消费者，同时还能将消费者发展成为兼职的业务推广人员。在这样一个基础上，它可以帮助化解过剩的产能，消化已有的高库存。在去库存方面，逻辑是这样的：在消费返利的推动下，产品的实际购买价格会变得比较低，因为有返利在，本来花100元买的东西，拿到返利后实际付出可能就只有几十元。对于大多数中产与普通消费者来讲，只要产品本身存在一定的使用价值，能够保证是正品与售后服务，就可能去大量购买，毕竟花出去的钱会换成积分，可以用到其他产品的消费上，或者在未来的时间里持续得到返现。更何况，消费者可以通过推荐所消费的产品成为消费商，从日常的产品推荐中持续获得一定比例的提成，甚至经过机制的设计，参与到企业整体利润的分配中。这种做法并不是减少企业的收益，而是省去了单独花费的广告成本，通过发动大量消费者参与营销来促进销售，这对消化库存与解决过剩产能都是有明显帮助的。

第八节　合伙人模式

解读合伙人机制的消费商模式之前，先来看一下做得比较有意思的案例——洛可可是一家做设计的公司，其官网上公开的名称是"洛可可整合创新设计集团"。它的主要业务就是设计，包括产品创新设计（工业设备、智能硬件、智能出行、机器人等）、UEUI设计、文创衍生品设计、吉祥物设计、标志VI设计、包装瓶型设计等，相当广泛。其总部设在北京，分部已经扩大到上海、深圳、成都、南京、厦门、杭州、宁波、苏州等多个城市。

洛可可公司的创始人贾伟就在推行设计师方面的合伙人模式,他搭建了一个集中设计师、用户、客户的平台,称为"洛客",目标是创造一个400万人的设计师团队,吸引设计师入驻,相当于设计师就是合伙人,可以在平台上按照自己的兴趣选择企业发布的设计任务,还能在平台上展示自己的作品,吸引企业的关注。而且"洛客"为设计师们提供专属装备,当完成一定数量的任务后,可以匹配对应的邦德级别(001~007不等),就有资格在平台上免费领取对应的个性化装备产品。用户也可以以一种合伙人的形态参与平台的建设,在社群界面,用户可以参与和产品设计任务相关的众创任务,除了领取赏金外,还有机会成为新产品的种子体验用户,参加洛客产品发布会,与设计大咖、企业高管面对面,探讨产品设计的优劣。

说到这里,估计有人会觉得这就是个任务发布与领取、执行的平台。这样想就低估了洛客模式,它还包括洛客活动、洛客空间、洛客学院、洛客数据、洛客投资、洛客大会/发布、洛客智能等,向入伙的所有设计师提供支持。现在它已经能提供各种智能硬件、生活美学方面的设计。

2016年7月18日,在杭州西溪花间堂,由湖畔大学和芬尼科技主办"玩出来的品牌——环球80天 湖畔大学站"现场,贾伟表示已经拿到了200部大电影的IP设计,拿到了敦煌、故宫等产品的设计;此前,他曾为故宫做了800个设计,400款产品。

在"洛客"的这套模式里,我们能看到,里面既有设计师扮演业务合伙人的角色,也能看到消费者的参与,把两端都激活了。

另一个做得比较好的是淘宝品牌茵曼,它曾力推消费合伙人这种模式,试图从之前的消费者、粉丝里面发展加盟商,并且成立"若龙会",搭建快速的沟通渠道,更紧密地联结加盟商与茵曼决策层。入选"若龙会'五星合伙人'"的加盟商将成为茵曼"智囊团",参与"千城万店"项目的决策建议。

时间退回到2015年,茵曼刚启动"千城万店"计划,很多加盟商候选人都在茵曼的粉丝中产生,这些粉丝同时也是茵曼的消费者。

茵曼品牌创始人方建华有一个思路很值得肯定，其实也就是消费商的主张：把消费者视为茵曼的一种合作资产，让他们参与决策，为产品改进提意见，并让消费者的社交资源强化企业的营销推广。互联网时代不再是企业的"单打独斗"，而应该让消费者共同参与，从经营"产品"到经营"人"（顾客、粉丝）。

茵曼之前积累了600多万客户，如果让粉丝成为店主，无疑更能真正服务好数量庞大、分布在全国各地的客户。几个月时间，开业运营的店面就多达70家，店主大多数是从之前的粉丝与消费者中发展来的。

茵曼不仅在消费端发掘合伙人资源，在设计师方面也在向合伙人靠拢，与设计师合作，为其提供供应链、渠道、营销、运作管理、会员数据、资金及IT等全方位的资源支持，而设计师可以自己组建团队，打造自己的品牌。

北汽新能源旗下有一个名为"卫蓝合伙人"的微商平台，遵循的也是合伙人模式，我们来看它是怎么运营的——购买北汽新能源电动车的车主通过认证后，就可以升级为卫蓝合伙人。完成升级后，可以开设个人专属店铺，然后把店铺和专属购车政策等分享给好友，为亲朋好友带来购车优惠。同时，该合伙人能因分享而获得现金、实物、保养优惠、专属特权等多重奖励，此时的消费者变身为经营者，完成了一个C2C的过程。

第九节　消费商股东股权模式

更高层次的消费商模式，应该是消费商最后能够与股权挂钩，消费者不仅能成为分享者、推荐者、销售者，还有机会成为企业的股东，拿到期权，获得整个公司利润环节的分红。以瀚亿公司为例，推出蕾蔻产品之后，将公司利润30%作为分红股权分享给代理商，让代理商转化为有股权的消费商。

还有一种股权众筹的模式，显得更为主流。在淘宝、京东、众筹之家、人人投、轻松筹等平台上，都能看到这样的股权众筹项目，它的做法是这样的：公司出让一定比例的股份，面向普通投资者；投资者通过出资入股公司，获得未来收益。投资基本上是基于互联网渠道展开。

股权众筹运营模式有三种：第一种是凭证式众筹，在互联网通过卖凭证和股权捆绑的形式来进行募资，出资人付出资金取得相关凭证，该凭证又直接与创业企业或项目的股权挂钩，但投资者不成为股东；第二种是会籍式众筹，在互联网上通过熟人介绍，出资人付出资金，直接成为被投资企业的股东；第三种是天使众筹，接近于天使投资，出资人通过互联网寻找投资企业或项目，付出资金直接或间接成为该公司的股东，同时出资人会伴有明确的财务回报要求。

较为人熟知的一起股权众筹案例要数 3W 咖啡，创始人是许单单、马德龙、鲍春华，在业内小有名气，表面上是做咖啡，实际上是想以咖啡为载体，为创业培训及风险投资机构寻找项目搭建平台。

3W 刚创办的时候，就引进了股权众筹，向社会公众进行资金募集，每个人 10 股，每股 6000 元，就相当于一个人 6 万元。但并不是说你有 6 万元就可以参与投资，股东必须符合一定的条件，3W 强调的是互联网创业和投资圈的顶级圈子。这也是 3W 的一个亮点。后来，该项目吸引了不少知名的互联网、投资与科技圈的众筹参与者。

京东的股权众筹上线时，曾经拿出了悟空 i8 智能温控器、kisslink（吻路由）、成者科技成册扫描仪等产品，都有一定的成果。

2015 年，有一起案例相当火爆，主角是 Wi-Fi 万能钥匙，5 月 29 日，该项目在筹道股权上线，到 6 月 10 日，众筹成功，共 5712 人认购，认购金额高达 70 亿元，创下参与人数最多的股权众筹案例。

股权众筹在影视圈也有出现，如动画电影《大圣归来》，一度相当火爆，片尾放了 89 位投资者的名字，当时众筹了 780 万元，这些投资人当时预计可以获得本息约 3000 万元的回报。

事情缘起是这样的，出品人路伟在朋友圈发布为《大圣归来》众筹宣发经费的信息，陆续吸引了一些投资，少则一两万元，多则数十万元，还有些投资人为该片提供了免费的户外广告。电影上映之初，单投资人的包场就有 200 多场。这就是典型的从消费者中发现投资人的消费商模式。

更早的时候，2013 年，《大鱼海棠》在 45 天里筹得 158 万元的投资，参与人数达数千人。2014 年年底开始上映的《十万个冷笑话》，也曾在短短 5 个月的时间内，融得 137 万元资金。基本上都是投资收益与票房直接挂钩。

虽然说股权众筹的风险比较大，这些发起股权众筹的项目，其失败率可能高达 80%，但假如有成功的，比如上市或下一轮融资成功，初期的投资人回报会非常丰厚。对于资金量有限的投资人来讲，可以尝试。如果是更低的投资门槛，很多普通消费者都可以尝试。

对发起股权众筹的企业来讲，事情还没有做，产品还没有出来，但已经通过众筹的形式，把推广做起来。关键是用股权众筹的形式，吸引投资人与消费者拿出一定数额的钱，成为股东（由于非常分散，占比很低，大多数时候这些众筹投资人不会影响公司决策），投资回报将与企业的经营收益挂钩，这将部分消费者与企业提前绑到了一起。毫无疑问，这些消费者会发动力量推广企业的产品，主动地成为消费商。

第五章　消费商平台搭建与模式落地

　　消费商事业所取得的成就，是因为它顺应了历史发展的趋势。一些人对消费商的事业没有信心或不感兴趣，是因为没有真正地了解这个事业的内在价值及其对历史进程的推动作用。

第一节　搞清楚一个问题：为什么要上马消费商

之所以将"消费商"称为一种新型商业主体，视消费商阶段为市场经济的一个理想阶段，是因为消费商的出现和发展，使商家与厂家、生产与消费在互为中介化过程中创造财富。无论是物质产品，还是精神产品，只有得到消费者的认可和满意，让消费者快乐地进入消费过程，产品才能转化为社会财富，进入再生产过程。而再生产、再消费过程是形成互为中介的良性循环过程，其间消费商显得越来越重要，消费商扮演着既是消费者又是经营者的双重角色或称复合角色，它们之间同样是互为中介的过程，将对消费环节产生非常积极的影响。

消费作为社会再生产总过程中的一个重要环节，一方面受生产、流通、分配各个方面的影响；另一方面它反过来又影响生产、流通、分配，这两方面之间是一个互为中介化的过程，在社会再生产总过程的运行中，消费既是一个再生产过程的终点，也是下一个再生产过程的起点，居于承前启后的关键地位，起着经济循环的先导作用。

衡量一个国家或地区的经济是良性循环还是恶性循环，最终要看是否合理解决了人们的消费问题，要看消费与社会再生产其他环节是否能够协调发展、相互促进。而人们的消费需求可以参照马斯洛的需求层次理论来分，最基本的三层需求是生理需求、安全需求与社交需求；但随着经济发展与收入水平的提高，人们的需求同样会升级：一方面在文化、旅游、健康等方面的需求明显增长，也就是扩大了需求范围；另一方面，马斯洛提出的尊重需求与自我实现需求，也在越来越多的消费者身上得以体现。

在我们传统的界定里，商品具有价值和使用价值，但从新的视野来看，商品不光是具有这两大价值，它还需要拥有审美价值和环保价值。

所以，现在人们追求的商品不仅具有价值和使用价值，而且追求审美价值、环保价值，可见三维整合度越高，市场竞争力越强。这就是人们所谓的人本经济的价值观，从人本经济价值观的视野构建新型的商业主体，为生产商、消费商指出了方向，人们进入市场有竞争力的商品，都应当是具有三维整合度高的商品。

例如，对服装的色彩、品牌等，不同年龄、不同性别的人有不同的需求，日用品消费等也是如此，但其共性应当是具有三维整合性的商品，而且三维整合度越高，其竞争力越强。以欧莱雅为例，欧莱雅主营护肤、彩妆、护发染发等产品，旗下拥有兰蔻、科颜氏、碧欧泉、理肤泉等多个知名品牌，销售范围覆盖全球 130 多个国家和地区，2016 年全球销售额约合 1892 亿元人民币。欧莱雅之所以受到消费者喜欢，一个关键原因就是它的产品在使用价值、审美价值与环保健康价值几个维度实现了整合，深得消费者认可。满足让人们生活得更健康、更美丽、更快乐的需求，它应当既是生产商追求的目标，又是消费商的理念，更是生产商与消费商联盟的共识，只有真正意义上的共识，才有可能让生产商与消费商走在一起，共谋双赢的经营模式。

追求幸福指数的提高是人们的普遍目标，而实现幸福指数的提高，很重要的一环是健康、快乐，而快乐满意的消费，则是生活质量的提高、保持快乐的心态、实现健康美丽目标的必要条件。所以人们常说：快乐是一种心态，健康是一种福分，幸福是一种期待，美丽是一种追求，成功是一种概念。其实成功更是人们追求快乐的目标，人们都体验过获得成就感的快乐心情。一无所成不是真正的快乐，所以保持快乐的心态，重要的是梦想成真，只有梦想成真，才能从真正意义上保持光彩夺目的人生境界。想要梦想成真就要有付出，而且重要的是付出的智慧与艰辛。无论是生产商还是消费商付出的都是让消费者满意的、快乐的消费。而满足人们健康、快乐的消费，同样是生产商与消费商追求的快乐观。

使用价值提升为审美价值、观赏价值，带动消费的领域非常广泛。例如，旅游业由此形成的巨大产业链，如观赏者的吃、住、行、游、购等消费，又如，具有巨大观赏价值的自然景观和人文景观，而且有的历史人文景观常常具有巨大的学术价值，不仅具有观赏价值，而且具有学术价值，既可以带动旅游业的发展，形成巨大的产业链，又可以增强学术性、知识性，发挥教育功能等。它同样是一种新型的商业主体，而且这种商业主体是备受消费者关注的新型产业。

当今绿色革命的风暴正在世界范围内兴起，人们对绿色环保的需求更是比以往任何时期都强烈，有的学者称之为绿色革命。成都附近一个企业家经营万亩樱花园，主要是为人们提供观赏的需要，樱花作为一种商品，它的主要功能就是观赏价值即审美价值。

现在城里人种花、养花、观赏花的人越来越多，万亩樱花园就是满足人们这种消费需求出现的绿色经济、环保经济。业主介绍说：他们投入 2.5 亿元，但几年后就可收回投资，而且将会产生巨大的经济效益、生态效益，还有带动旅游业产生巨大的商机。

绿色消费、环保消费是一个世界性的发展走势，创新一步领先一路，樱花园是如此，还有其他如园林绿化产业，如小区绿化、路边绿化、办公室绿化等，更是备受关注的绿色产业，具有巨大的开发前景。不少销售商在关注、在重视，而且得到了巨大的回报。

由此不难看出，这是一个动态地发展着的商业模式。现在全人类都在呼唤着生态文明、绿色文明，所以有远见的企业家正在思考着如何占领这个领域的制高点，构建生态文明的新型商业主体，以满足绿色文明的消费需求，为消费商构建一个全新的舞台。从这个意义上讲，无论是生产商，还是消费商，都要从这样的全新视野考虑自己的角色定位。所谓新型的商业主休，新就新在满足人们新的消费需求，新就新在能让人们满意、快乐地消费。

经济发展了，人们富有了，对文化的消费需求，同样成为一个新的消费亮点，如餐饮业消费、茶文化消费等，人们关注的是文化品味的消费。所以不少成功的餐饮业，商家关注文化品位的提升，尤其是特色文化的提升更受商家的关注，从这个意义上讲，特色经济同样是一个新的消费亮点。还有人们的消费心理，较为普遍的好奇消费心理，所以新、奇、特同样是新的消费亮点。构建新、奇、特的商业主体，同样是生产商、消费商需要关注的一个重要发展趋势。

喜庆市场的快速增长，同样是生产商与消费商关注的一个重要领域，它处在强劲的增长势头，已形成了一个巨大的、快速增长的消费链。

"福、禄、寿、喜"文化一直是我国人民世世代代极为关注的文化现象。人们以幸福的追求与期待幸福指数的提高为目标，近几年来喜庆文化更是年轻人消费的一个热点，不少有远见的生产商与消费商都看到了这一消费领域的巨大商机。

中国经济增长的楼市、股市、车市、游市（旅游市场）、喜庆市场，不少经济学家认为上述市场是拉动中国经济增长的快速通道，但这几年以来，股市、楼市一直处在徘徊观望之中，而喜庆市场则一直处在强劲的增长势头之中，并由喜庆事业带动了车市、楼市和相关产业的增长。

百合网《2017中国人婚礼状况调研报告》显示，每对新人婚礼的平均开销为7.6万元。另据民政部《2016年社会服务发展统计公报》数据，2016年办理结婚登记1142.8万对，据此测算，2016年狭义婚嫁市场规模大概是8600亿人民币（1142.8万×7.6万，此处使用2016年结婚登记数据）。

中国产业信息网早先曾预测，2017年我国婚庆市场规模将达到14 640亿元，未来五年（2017—2021年）年均复合增长率约为23.11%，2021年市场规模将达到33 630亿元。虽然2017年的统计数据还没有出来，但结合最近几年的情况看，中国产业信息网的预测有一定的依据。

为适婚人群提供一站式婚礼服务的移动应用"婚礼纪"，对此也做了相关统计，据其分析的2017年中国人婚礼花费大数据结果，42%的新娘婚礼花费（包含婚宴）在5万~10万元，婚礼花费在10万~20万元的占据23%，婚礼花费在2万~5万元的占据15%。在地域方面，北方地区花费最高的为北京地区，平均婚礼花费28万元；南方地区中江浙沪花费较多，其中最高的为上海，平均婚礼花费25万元，比全国平均数高出3倍以上。

新婚消费需求及其特点为：中国传统大家庭观念正在淡化，而新婚男女自主消费选择度大大提高，因此催生新型的新婚消费市场；结婚质量、生活幸福成为人们追求的目标，结婚消费则是婚姻质量的体现。因此，促进了婚庆产业链上、中、下游的产品提供商和服务提供商的快速整合。

喜庆文化消费越来越受到消费商的关注，比如一次婚宴规模少则几百人多则上千人，而推荐婚宴的消费为经营者带来巨大的利润，但当人们的角色转化没有意识到自己是消费商的双重角色时，只是感到自己是消费者，而经营者一般想到的是酒店的老板，如果我们明白了消费商的角色定位，自然就会自觉地意识到自己既是消费者又是经营者，重要的是酒店的老板同样有这种意识，酒店与消费商共赢的目标才能得到认可。

婚庆市场总量规模不断扩大，婚庆消费市场的婚纱礼服、婚纱摄影、婚礼服务、婚宴、珠宝首饰等行业的发展日趋成熟，并与新婚消费的其他行业（如家电、家具、床上用品、室内装修、房地产、汽车、银行保险等40多个关联行业）逐步形成令人瞩目的婚庆产业链，充满了巨大潜在商机。目前每对新人花销为8万~20万元，以平均每对新人10万元的花费计算，2013年全国有1327.4万对新人登记结婚，可测算出因结婚产生的消费总额约达1.33万亿元，约占国内生产总值的2.34%。巨大的消费额催生了婚纱影楼、婚宴及婚宴用品、婚庆服饰等相关新兴行业。由此不难看出，婚庆消费将是拉动内需的一个快速增长的消费热点。

互联网的发展，把人们带进了信息化社会，人们的生活方式、新的思维方式、经济行为及消费方式也随之发生了巨大的改变。也许是社会节奏的突然提速，让人们没有足够的时间来观察、思考、总结身边已经发生或正在发生的商业思想的变化，但是人们却实实在在地做着一些颠覆传统理论的任务，而且做得很开心、很起劲。这件让人开心起劲的事情就是已经实践过、努力进行新的消费商模式的构建。

这里所说的消费商，有两个方面的意思，一是商业模式层面的营"消"，二是商业主体层面的消费商，而且它们之间在互为中介化的过程中促进消费。其实消费商就是中介，你中有我，我中有你，任何一个消费者常常充当着既是消费者又是经营者的角色。而新型商业主体模式，其实也是从传统商业主体转型升级而发展来的，而转型升级的过程，其实就是一个中介化的过程，所以从中介思维考察消费商与构建新型商业主体模式，从这个意义上讲，人们自然还有一个由传统的买卖单向的思维转型为中介思维的过程。

传统思想最大的特点是非此即彼，这就是人们讲的对立统一的思维方式，而现实生活中，更多的是你中有我、我中有你，也就是亦此亦彼的思维，而这里讲的无论是消费商，还是新型的商业主体，无一不是亦此亦彼，在互为中介化的过程中形成的消费商和新型的商业主体。

所以全新的商业模式、全新的消费商概念需要全新的中介思维。因为现代社会的发展已进入中介化的时代，所以生产商要用经济文化生态互为中介化的思维去构建经济与文化生态整合的商业主体，生产商与消费商同样要用互为中介的思维构建全新的共赢经营模式。共赢共谋发展应当是走向成功的理念。

有的学者认为世界上有明确目标且梦想成真的人只占全人类的5%，我们的目标应当是让更多的人有明确目标且梦想成真，让更多的人走向成功，而在消费商时代，双赢目标成为可能，走向双赢的人自然会越来越多，而在这个以消费为导向的时代，如果每个人都明白自己处在双赢的角色，明确人的一生既是创造财富的一生，更是消费的一生。既要创造财富，更要消费，那么你既是消费者又是经营者，这就是角色转化与角色定位。而这种角色转化与定位，需要理论指导，更需要实践中被全社会认可、认同，而社会认同感越强，走向成功的就会越多，社会和谐度就会大大增强。

我们知道，市场主体分为投资者、经营者、劳动者、消费者，而消费者是指购买商品或接受服务的人，以非营利为目的。不管他们有多么不同，但一定有一个共同之处，那就是：都是消费者。我们定期使用或消费食物、衣服、居住场所、交通、教育、设备、假期、必需品、奢侈品、服务甚至观念。作为消费者，我们在经济中承担重要作用，为地区经济、国家经济乃至国际经济默默地做贡献。

过去的经验告诉我们，物流模式是一个由厂商到销售商，再到消费者的线性流向。厂商生产出产品如果不找到销售商，就只好把产品堆到仓库里，除此之外，别无他法。今天，因为消费商经营模式的出现，这一切问题都被解决，过去的传统模式也都被打破了。

消费商是市场经济发展到以人为本的营"消"阶段的产物，更是人本经济发展的必然产物，消费商既是产品和服务的最终消费者，又是产品和服务的宣传推广者和销售者，更是可以从厂商直接获得财富分配的经营合作者，甚至可能是投资者，具有多重身份。其物流模式被简化为以厂商为圆心、直达 N 个消费商的一个圆。消费商作为一种新型的商业主体，跻身于市场主体，参与到财富分配之中。

新型的商业主体模式的构建、人本经济与物本经济互为中介化的过程中是以消费的需求构建起来的，而消费的需求更是动态地变化着，而且是多层次、个性化地发展着，所以商业主体模式的构建同样是多层次的、个性化的商业经营模式。

消费商营"消"模式打破了生产商、经营者、消费者的传统物流模式，成为生产商直接面对消费者的桥梁。这样不但抽去了中间环节，节约了社会资源配置，而且商业主体的组织也被简化了。过去商业组织是社会商品流通的载体，像收费的"摆渡船"一样把产品从厂商那里传递给消费者。今天，厂商自己又同时担任起了商业组织的角色。在传统模式里，生产商、经营者、消费者三方都有烦恼。消费者要面对铺天盖地的假货，再多几双慧眼也不能完全分得清楚。而且消费者永远只是拿钱换回产品和服务，这好像已经成了天经地义的事。难道消费者自己就不能赚钱吗？苦心经营的品牌，有可能被很多外来的力量损伤，如假货横行，破坏客户信任；一些质量瑕疵被客户放大，本可以友好解决，却因为决策流程复杂、双方沟通不畅等多种可能的障碍，最后导致双方矛盾未能快速解决，负面效应扩大。如今，消费商在一定程度上解决了这些问题。

首先，消费商的出现改变了由销售商寻找顾客的模式。由消费商整合一个客户群（有共同的消费需求），然后带着客户去找生产（服务）提供商。这样，变被动的被推销为主动购买。其次，由于团结了众多的消费者，在与生产（服务）提供商的交易过程中将处于有利地位，可以获得更低的价格、更优质的产品及服务。

第二节　消费商运营的平台与系统搭建

李克强总理在 2015 年夏季达沃斯论坛中提到，全球分享经济呈现快速发展趋势，且目前以"互联网+"为代表的生产技术的革新也悄然而至，从而使得互联网、大数据等与各行业之间有了更深刻的结合，而这些变化也必将引发一场"消费关系"的大变革，大众的购买方式、支付方式等方面都进入了一个崭新的时代——消费商时代来临。

那么，怎样构建消费者群体呢？需要有一个系统，这个系统正在形成与发展过程之中。许多网络平台构建了这样的系统，如京东商城、淘宝、当当网，这些网络购物平台就做得非常好。有了这个系统，每一个人都可以知道如何开发自己未来的市场。我们首先不妨先问自己一个问题：我们真正想拥有的是什么？是折扣还是自由？

任何人都想得到自由、获取自由，可是自由要有两个条件保障：足够的金钱和时间。任何人都知道自由是我们每个人追求的目标，比如要自由选择空间，需要钱；要自由支配时间，同样需要钱。不难看出，自由支配金钱才能在真正意义上拥有自由，当然我们不是"金钱万能"的提倡者。

所以，既要向前看也要向钱看。前者是指信仰、理想、目标和方向；后者则是指人们经常说的要挣钱，要学会挣钱。这是你生存、发展、享受的需要，更是真正得到自由的保证。每一个人都想挣钱，可是怎样挣钱并不是人人都知道，每个人都想有一个挣钱的机会，而充当消费商就是一个机会。

你是愿意去一家为了吸引顾客花费几万元、几十万元甚至数百万元请明星做广告的折扣公司购物呢，还是愿意去一家不做广告，而将这些资金以奖金的方式回馈给消费者的公司购物？你是愿意让自己缓慢地变得更穷，还是变得更富？人们的选择显然是后者。

消费商时代的到来，就是财富大转移、大集中的时代。

消费商是消费者和经销商的统一，是互为中介化的过程。消费商既是产品和服务的最终消费者，又是产品和服务的宣传推广者和销售者，具有双重身份。每个人的一生就是消费的一生，每一天都离不开消费。

人一生中创造的财富，大多都用到了教育、车辆、房产、生活等多方面的消费上。人生的过程既是创造财富的过程，更是消费的过程。因此，创造财富是人们的追求，而消费更是人们的需求，任何人在任何社会，最基本的需求就是消费的需求，当然有物质消费的需求和精神消费的需求，而最基本的是物质消费的需求，更高层次就是精神消费或享受的需求，它们之间同样是互为中介化的过程。因为要满足人们的消费，所以要创造财富，而创造财富则是为人们自由、自主地选择消费的自由。

每一个人都是消费者，并且随着社会的不断发展，消费水平、消费质量也会不断提高。人们在消费的同时，挣钱的欲望也会日益膨胀。因为你要消费就要挣钱，而消费欲望越强的人，挣钱的欲望就越强，就会出现这样的行为：先是自己花钱消费，然后再介绍别人消费而挣钱。最终会演变成一个个消费商。

消费商的概念在中国才推出不久，有据可查的是，在2007年的时候，"消费商"的百科词条已经开通。当年，笔者在各处演讲时就已推行这一概念。到2012年时，由庞博夫、刘茂才合著的《创富新思维·消费商时代》推出，为消费商理论奠定学术基础。在国外有一个相似的概念，翻译到中国称"生产消费者"，既是生产者又是消费者。不过它只是一个经济学的概念，没有具体的理论和实践指导性。

消费商是在市场经济走向成熟、诚信经营理念深入经营者与消费者之中，而且经营者与消费者之间互为中介化的前提下，提出来的一个全新的经营模式、经营理念、经营策略和经营技巧，更是发达国家市场经济走向成熟、消费者信赖度高、诚信经营得到消费者高度信赖的前提下发展起来的一种新型的经营模式。它对传统的经营理念、经营思想是一个富有挑战性的命题。之所以称为消费商，这是一个消费者与经营者互为中介化，消费者与经营者界线模糊化，生产、流通、消费互为中介化的全新的概念。

在消费商平台与系统搭建方面，除了前面讲到的网购平台之外，还有很多种做法，它涉及企业自己的营销平台，如网店、自媒体、官网、门店等，还有互联网分销系统、传播系统、消费商管理系统、客户管理系统等，下面笔者举一些实际操作的落地办法。

（1）设计一套消费商运营的架构，包括企业自营销平台设计与搭建、消费商管理系统、营销系统、客户服务系统、供应链系统、物流系统等模块。

（2）企业的自营销平台，一般包括官方网站、微信公众号、官方微博、APP、线下网点、微店、独立网上商城、第三方网上商城等。当然，很多企业没法刚开始就把这些平台搭建好，可以逐步来，先做好两三个平台，高效运转之后，再增加其他平台。

（3）消费商管理系统，一般涉及分销管理系统、会员管理系统、客户关系管理系统等，分销系统又分为很多种，如微分销，针对的是微信、微店；还有淘宝分销，针对的是淘宝、天猫网店等。

（4）传播系统，是说如何发动消费商参与传播、主动传播，形成传播声浪。这个需要考虑如何挖掘产品的卖点，如何营销内容与创作，以及如何选择与投放传播渠道等。

第三节　直销：打响消费商第一枪

随着互联网的发展，直销这个既熟悉又陌生的词汇让人们耳熟能详。上门推销、厂家直销、邮购、电视直销、网购等全部属于直销的范畴。而五十多年前诞生于美国的被直销界定义为多层次直销的经营模式，其影响力越来越大，而且逐渐被世人认为是一种成功的经营模式。自从十几年前以安利为代表的直销公司远涉重洋进入中国，它很快凭借自身特点引发了一波又一波的营销风暴，创造了成千上万的营销成功人员。我们按现有的法律规范把它称为直销业，而构成这一行业主体的营销人员，就称之为消费商。

比尔·盖茨曾说："谁拥有行销网，谁就拥有未来。"《现代经济信息》杂志上刊载了一篇由盛琦贤、滕越、闫函合写的文章，里面提到美国、日本等发达国家的直销业务已经占到日用品零售市场的61.7%，虽未指出具体年份，但可见直销一度扮演主流趋势。直销业的兴起给很多"从来不知创业为何物"的中国老百姓带来了一个难得的机会。难怪有人会乐此不疲。

解读直销就要搞明白：创业成功是有些人心中的愿望。人们都想成功，而且有我想成功、我要成功，我一定要成功的想法，虽然每个人对成功的定义不同，但归根结底都想创造美好的事业，过上美好的生活。每个人一生都在寻找这样一个机会、这样一条路，遗憾的是很多人都失败了。有一个广为人知的成功励志模式：成功 = 一个梦想 + 一个支点 + 一个团队。众多案例表明，很多成功的直销精英都依靠了梦想、支点与团队这样的组合。

人们发现，直销正是这样一项事业，满足这个公式中开列的条件：梦想就是我们的愿望，支点当然就是各种不同的直销公司提供白手起家的创业平台，至于团队，就是成功的直销人员建立起的顾客消费网络和经销商网络。这也就是那么多人不断进入这一行业的原因所在。

我们从四个方面剖析直销的价值，这些价值正是直销的卖点所在。

（1）超越梦想。从小到大，每个人心中的梦想都不止一个：成为科学家、艺术家，或者拥有高楼大厦、环游世界，或者广交朋友、救济天下……不一而足。遗憾的是现实不是梦境，太多的人在残酷的现实面前败下阵来，不仅不能实现梦想，反而要遭受更多的磨难：或下岗、或失业、或英雄无用武之地。面对逼迫，有人会缩小甚至泯灭梦想，不能改变，不愿改变，甚至不敢改变。直销鼓励这些小人物，去结交更多的朋友、成为销售高手，去遍观天下。虽然并非所有人都能最终达到目标，但是大家的心的确活跃起来了。通过各种成功学、营销学、心理学、说服学、沟通学的教育培训，每一个人都开始重新认识人生的意义和价值。

（2）目标明确。很多成功人士的例子表明，只有那些有明确人生目标的人才可以取得顶尖的成就，这种人只占人类总数的一小部分，大部分人对自己的未来是没有明确规划的。也就是说，很多人的人生目标是不明确的，有些人甚至根本没有人生目标，自然也不可能有多大成就。直销凭借完备的升级制度，为每个从业者制定了明确的努力方向，在很长一段时间内，你只要按部就班，就可以达到一个较高的级别，成就自己。

（3）永续学习。21世纪是一个倡导终身学习的世纪。直销企业由于其不断进行培训和学习，而让从业人员能在短时间内学习到大量新鲜的知识，无论是产品、制度、营销模式，还是人际沟通、营养、美容，各种知识不断被交流、分享。加之大量的书籍、音像资料的传播，各种培训课程的举办，让那些缺少学习的人为了业绩的提升而全情投入、知识日益丰富的同时，人的素质和品位也在不断提高。大部分的直销企业都有系统的教育培训计划，这种永续学习的模式正好符合21世纪与时俱进的特点。知识改变命运，学习丰富人生。在这个倡导建立学习型组织的时代，直销企业刚好成为一个典型的代表。

（4）良师益友。在直销公司的培训课上，我们经常听到这样一句话："人生最大的悲剧是：有良师不学，有良友不交，有良机不握。"意思很浅显，含义却深刻，它告诉我们要成功就要在良师益友的帮助下把握住机会。每一家直销公司都一定会配备综合素质非常高的讲师，给团队传递营销理念和广泛的知识。这种朋友式的团队由于利益共同体的缘故构成了一道独特的风景线。

1. 消费商模式的"多层次"意义解读

参照1998年4月18日《国务院关于禁止传销经营活动的通知》等系列政策文件的精神，消费导向的消费商模式（实为多层次直销模式）——以直销商个人消费的名义实行团队计酬的模式，被认定为传销是没有任何问题的。

但现在如果依据2015年12月1日起施行的《直销管理条例》和2015年11月1日起施行的《禁止传销条例》，继续将消费商模式认定为传销，或者认为消费商模式涉嫌传销，是值得商榷的。

首先，直销商的存在具有合理性，国家法律法规规定的条文如下。

（1）推销人员只能将产品直接推销给最终消费者。1998年6月18日，《关于外商投资传销企业转变销售方式有关问题的通知》（简称455号文件），第一次出现了"最终消费者"这个术语。

（2）转型企业对雇用的推销人员只能按其个人直接推销给最终消费者的产品金额计提报酬，不得对推销人员以介绍加入等名目为由计提任何报酬。2002年4月1日起执行的《关于〈关于外商投资传销企业转变销售方式有关问题的通知〉执行中有关问题的规定》（简称31号文件）也续用了这个术语。

（3）本条例所称的直销，是指直销企业招募直销员，由直销员在固定营业场所之外直接向最终消费者（以下简称消费者）推销产品的经销方式。2005年12月1日，《直销管理条例》也使用"最终消费者"这一术语。

通过以上条文可见，直销条例中的消费者，全部都是指最终消费者。最终消费者这个概念几乎决定了中国的直销方式。

国际上有广泛影响的学术专著《消费者行为学》（第八版，利昂·G.希夫曼、莱斯利·L.卡纽克著，江林译）一书这样认为：最终消费者，也称为最终用户（End Users），指个体消费者购买产品和服务是为了他或她自己的消费，为了家庭的消费，或者是作为礼物送给朋友。

从产业的角度来讲，销售人员作为一名产品和服务的使用者，"成为了产品的产物"。直销商既是消费者，同时自身又成了一种特殊商品，使企业、他人"消费"，获取商业利益，其存在具有合理性。

其次，当前传销不涉及个人消费，国家法律法规规定的条文如下。

（1）经营者通过发展人员、组织网络从事无店铺经营活动，参加者之间上线从下线的营销业绩中提取报酬的。（2000年8月13日，国务院办公厅发布《国务院办公厅转发工商局等部门〈关于严厉打击传销和变相传销等非法经营活动的意见〉的通知》，即55号文件。）

（2）组织者或者经营者通过发展人员，要求被发展人员发展其他人员加入，形成上下线关系，并以下线的销售业绩为依据计算和给付上线报酬，牟取非法利益的，属于非法传销。(《禁止传销条例》，2005年11月1日正式实施。)

国务院法制办、工商总局负责人将条文（2）（引自《国务院法制办、工商总局负责人解读〈禁止传销条例〉》，新华网，2005年9月2日）中的"销售业绩"解释为"推销业绩"。

在通常的理解中，销售往往指的是以出售、租赁或其他任何方式，向第三方提供产品或服务的行为。在《销售与市场：成长版》2012年第1期杂志上，《从谷底到山巅——TOP销售之路》的作者王云对销售做了很有创造性的定义：销售就是发现客户渴望的、愿意为之付出相应代价的价值，并通过各种方法和手段，帮助客户获取价值，从而得到相应报酬的过程。

《现代汉语词典》将"营销"一词释义为"经营销售"，含义中多了"经营"的意思，即营销业绩不仅可以涵盖销售业绩，还可以涵盖经营业绩。

其实无论怎样的解释，销售都涉及把有形或无形的东西，卖给对方。

通过比较我们可以得出结论，从业者的个人消费行为与经营直销事业有关，"营销业绩"是包括个人消费的，这次禁止的传销行为与个人消费无关，所以，不论过去还是现在，消费商的定义既非传销也非直销。

最后，消费商模式给多层次留下了空间，国家法律法规规定的条文如下。

禁止五种具体的传销和金字塔计划，禁止其他通过发展人员、组织网络或者以高额回报为诱饵招揽人员从事变相传销活动等行为。(2000年8月13日国务院办公厅发布的55号文件。)

55号文件除了采用列举法禁止五种具体的传销外，还将没有列举出来的以及未来新出现的传销形式统统予以禁止，等于给任何的传销方式都打了"死结"；而2005年年底施行的《禁止传销条例》禁止了三种传销行为，没有使用概括法对多层次模式做出一般性的禁止规定，给多层次直销（传销）留下了发展空间。

这次开放的直销方式、禁止的传销方式均不涉及直销商个人消费。消费导向的新经济模式，是一个非直销、非传销的转型方案。因此，消费商模式不是直销，更不会涉嫌非法传销。

2. 在信息文明的新时代，如何做一个成功的消费商

首先，要选择一个巨大的经济实体，它必须具备以下几个方面。

（1）悠久的历史。只有经过长时间考验生存下来的公司，才能积累面对各种困难的经验，在市场瞬息万变的今天，才能经得起挑战并把握未来趋势，保持强有力的竞争优势甚至龙头地位，不至于让与之合作的消费商失去开发市场的保障。

（2）知名度高。如果一家企业拥有较高的知名度，这本身就是资产，即使在遭遇非颠覆性的危机时，只要它的产品拥有广泛的消费群体，就会吸引众多的财力入资，甚至吸引更强大的企业收购它。所以，大多数知名度很高的品牌，生命力往往很旺盛，当然不排除此类品牌也有倒闭的可能。

（3）雄厚的经济实力。巴菲特选择股票的原则有三个：一是名牌，即能拥有相当的顾客群和一定的口碑，生产管理成熟，科研力量强大，抵御风险的能力强大。二是大牌，市场占有率大，品牌优势明显，企业产品名称妇孺皆知。但如可口可乐和百事可乐，都是大牌，又将如何选择？答案就是三：看谁是原创。人们知道了可口可乐才知道什么是可乐，知道了奔驰才知道什么是汽车。所以，最好选择行业原创企业。

（4）多元化的产品。如果企业有多元化的产品，足以证明这个企业的科研力量雄厚，生产线完善，能够全方位地支援消费商面对全方位的客户，选择余地大，才能更好地成交顾客。

其次，有了强大经济实体支持，消费商要最终成功还需提高自身素质。

既然消费商的经营平台是人际网络，那么消费商如何来经营与管理，才能既快乐又轻松呢？

因此，要做一个成功的消费商，重要的是学会经营人心，经营人心的

消费欲望。为此就应当保持以下五颗心。

（1）要有慈爱之心。向自己身边的人付出真爱，自然有回报。为什么这样说？因为我们身边的每一个人都是消费者，你很诚信地、发自内心地关心和爱护他人，为他人提供真正有益的信息，他们才会相信你，也才会购买根据你所提供信息的产品。否则，他不会听取你的建议，你就无法与消费者结成消费联盟，成为消费商。

人们常说：天时，地利，人和。

天时，靠运气；地利，靠眼光；人和，靠爱心和奉献。

天时，我们无法等待，好运不知何时才会光顾自己；地利，我们无法选择，有时自己并不具有很好的眼光；只有人和，相比之下才是我们容易实现的。要做一个成功的消费商，就必须在人和上用心，这样才有可能让自己的消费联盟不断强大。做好人和的核心是：要有慈爱之心，向自己身边的人付出真爱。只有这样，人们才愿意向你敞开心扉，听从你的建议，与你真诚合作。

从经济学角度来说，诚信显得越来越有价值。因此，作为一个消费商，从自己做起，诚信待人，必然会吸引更多的人聚集到自己身边。消费者联合的过程，就是财富增长的过程。只有真诚地关心他人，如实地给他们提供良好的产品和适用的信息资源，将他们引导到最好的消费平台，才是信息时代获取财富的良好方法。

（2）耐心。尽管消费商模式是借鸡下蛋，低成本扩张，简单易学易教易复制，但目前还属于新生事物，是新经济学的范畴。大众就更加容易在认知和判断上形成差异。消费商在与人沟通时，总难免有观念上的差异，在面对各种问题时，要耐心做解释，帮助对象了解趋势，建立起财富的新观念。

（3）平常心。消费商在联系沟通对象的时候，不免会遭到拒绝甚至排斥，要知道一件事情再好、再完美，也不会人人都去做，你的工作就是找寻有共同价值取向、志同道合的消费者合作。只要做好自己的本分和专业，秉持付出就有回报的积极想法，万事从自己内心出发去做，即能战胜自我，走向成功。

（4）恒心。消费商行业也是一种网络建造业，需要蜘蛛织网的精神：一只蜘蛛要在房梁上结网，需要黏住一个点，再拉着丝从上面爬下来走过一段路再从另一个地面爬上去，拉紧再黏一个点。其间有任何的风吹草动，人虫穿过，都会破坏它的努力成果。可是蜘蛛知道，这是它的工作也是它的生存方式，它不怕失败，只是不顾一切地要把网结起来。经过不懈努力，蜘蛛网终于结好，接下来它就可以静静地待在它的王国里，享受付出而带来的永久回报。消费商行业不需要你一辈子付出，但需要坚持下去的恒心。

（5）信心。如果你已经走在消费商的路上，那么有必要相信自己在做的事情，并不断反省、不断提升。就如海伦·凯勒所说：对于凌驾于命运之上的人来说，信心就是生命的主宰。

有一个故事，飞行学员第一次进行空中跳伞演习，教官在他们做最后的准备时问：马上要正式跳伞了，你们还有没有问题？一时间，学员七嘴八舌，这个说：教官，万一跳下去伞打不开怎么办？那个问：万一我掉到海里怎么办？这时只见教官飞起一脚踹在他们的屁股上把他们踢下了飞机，学员们在空中听到了令他们一生难忘的一句话：一个成功的人没有那么多的万一，只有一万个信心。

因此，消费商在做的是引领未来潮流的事业，建立起信心，一定能够赢得成功。

第四节　借消费商之力支援渠道商、提升渠道竞争力

消费商不仅是生产性企业可以引进的模式与策略，在渠道环节，也有用武之地。

渠道商可以建立自己的消费商团队，激活客户的力量，培养消费商这支力量来弥补原有销售网络的不足，从而进一步提振渠道竞争力。甚至在很多情况下，生产性企业有必要激发渠道商引进消费商模式的激情，在线下门店、线上网店等终端环节，实现整套消费商策略的落地，并且让渠道商有兴趣、有能力发展与管理消费商团队。

我们先来看渠道商的构成，这个群体有很多体现形式，如卖场、省代理、市代理、县乡镇代理、总经销等都是渠道商，其中既有法人，也有自然人。而且几乎在所有的行业里，都有渠道商的存在，如酒类代理商、服装代理商、汽车代理商（如4S店）等。这样的渠道商，一般是生产商与消费者之间的中介，它主要是授权代理经营，跟厂家签署经销许可协议，然后在合作的区域内展开销售。

另外，在有的情况下，我们将渠道商也称作中介商。大多数情况下的中介商，主要职责是向消费者推荐与销售商品，并产生交易。如果交易成功，中介商从中得到应有的回报。而回报既可能从消费者的手中得到，也可能从生产商那里拿到奖励。而从事人才就业推荐的中介（猎头），更多的情况是提供信息服务，推荐人才，把人才"销售"给有需求的企业。

那么，作为渠道商，又如何引进消费商模式呢？有哪些具体的落地策略与技巧呢？企业又该如何让消费商支援渠道商，实现协同互助的效应呢？

先来解决渠道商的观念与思维问题，只有在观念上认可与接受消费商，才可能更好地在渠道环节引进消费商。具体可从以下三个方面来理解。

一是现在是信息时代，消费者很容易就能查询到品牌与产品的具体信息，他们已经具备相当高的鉴别水平，不是生产商说了算，也不是渠道商说了算，而是消费者说了算。

生产商投入的广告费用再多，渠道商的技巧再高，但若不让消费者知道产品的具体性能优势、缺乏让消费者信服品牌的口碑，或者消费者不愿意给好评、不愿意转发分享，那么，企业就可能无法吸引越来越多的顾客。

相反，如果渠道商拥有一支强大的消费商团队，参与产品的设计与测评，给出中肯的体验意见，支持生产厂家改进产品；主动转发产品信息，在自媒体与社交媒体上分享正面体验，营造能够促动销售的口碑；专职或兼职参与企业的销售行为，甚至成长为骨干营销人员，那么，渠道商的成功无疑更有保障。

二是人人都是消费者，这个观念相信已经没有太大的争议。但人人都是经营者，人人都可能成为消费商，这个说法却是比较有争议的，很多渠道商并没有意识到这一点，甚至是否认这个主张的。

其实，消费者与消费商界限日益模糊化了，一个典型的现象是，部分消费者在大众点评、天猫、京东等电商平台上发表正面评价、晒单、晒买家秀等，其中的一个重要原因就是为了赢得买家提供的返券或打折优惠，这就是比较初级的消费商。大家都清楚，在很多电商平台上，买家之间的好评率往往决定了新顾客的购买决策。

三是作为一名渠道商，如果今天你还只是依靠传统的营销方式去打市场，不主动建立自己的消费商团队，那么，你的竞争对手就可能抢先一步，建立起强大的消费商团队，赢得更大的竞争优势。

再来看看有哪些消费商模式适用于渠道、能够跟渠道形成协同效应，以及在落地应用过程中的策略技巧。在本书中，笔者将消费商的实践模式总结成了九种，包括直销、O2O、F2C与C2B、共享经济、微商、分享消费体验、消费返利、合伙人、消费商股东股权等模式。

据多家企业的应用经验，大部分的消费商模式都可以在渠道商这一环节找到用武之地。但直销对公司的相关资质要求比较高，需要向商务部申请，连分支机构的设立也必须获得审批，目前试行的直销产品类别及生产指引包括化妆品、保洁用品、保健食品、保健器材、小型厨具、家用电器等，都有严格的资质要求。

渠道商可以充分利用O2O，无论是线下体验、线下购买，还是线上了解与咨询、线上购买，主攻线下销售的渠道商们，应该考虑把线上的客流量引流到店里，至少有两种策略：一方面自己可以通过百度贴吧、大众点评、美团、口碑网、微信公众号、微信朋友圈等线上渠道引流；另一方面同公司总部的电商或互联网营销部门紧密合作，争取让厂家的电商部门与互联网营销部门给自己的区域门店引流。以主攻线上销售的渠道商为例，用好O2O的方向主要是将重点地区的客户发动起来，争取获得他们的转发分享，从客户群体中发展参与销售的消费商。

就 F2C 与 C2B 来看，渠道商能够利用的并不多，但可以考虑在 C2B 模式上做一些尝试，比如在成本可控的情况下，搭建 C2B 平台，聚合意向买家的个性化需求，然后向厂家下单，相当于是先把客户聚集起来，再向厂家采购，在一定程度上能够降低采购风险。

共享经济的一些商业模式，在渠道商环节暂时没有发现可资借鉴的做法。而微商是规模比较大的可供渠道商大力挖掘的模式，建立一套微商系统，将层级控制在两层及以内，给出不同的价格，在厂家授权的区域内展开微营销。值得注意的是，要平衡好与线下门店的价格的冲突问题。

分享消费体验的模式相对容易操作，作为门店应该重视起来，现在餐饮、美食类的门店比较重视这一方面，如顾客晒单、发表正面评价、打满分、转发营销信息等，门店会给出一些优惠。但在服饰、家居、建材等行业、这种做法才起步。试想，如果一家渠道商下的门店，能够积累起数以千计的好评，带来的口碑效应是相当震撼的。

笔者注意到，最近这些年，不少渠道商都加入了消费返利的大军，有些高返利其实存在严重风险。而正常的消费返利能带给渠道商更强的竞争力，如面向消费者给予合理的消费返利比例；从顾客中发展一批消费商，给予合理的返利比例，激发他们带新客的动力。不过，这需要一套客户管理系统与营销管理系统，以便对消费者与消费商进行动态化的管理维护。

合伙人＋股东股权的做法，在部分行业的渠道商里，已经有实践案例，比如一些渠道商代理某品牌后，觉得自己一个人做可能成功率不会很高，于是在朋友圈或者社交媒体上发起众筹，找几十个人一起合作，定好股份与权责利。

对于企业来讲，要想让消费商在渠道环节落地，要想实现消费商支援渠道商、提振渠道竞争力的目标，还需至少做到两点：一是组建的消费商团队与经销渠道、直营渠道等不能形成冲突，最好是将各个区域的消费商团队运营权限交给当地的经销商渠道，或者是单独推出仅限于消费商渠道流通的产品，把产品做一下区分，但品牌是统一的，有利于提升品牌的影响力，对其他渠道会形成一定的带动作用；二是在部分区域先试点消费商运营，厂家自己负责安排主管团队，同时选择一批有能力组建消费商团队的渠道商，共同发力，形成合理的收益分配机制，建议由厂家提供系统与技术方面的支持。

这几年，总听到身边经商的人说生意越来越难做，其实，每一个用心经商的人都在想着一件事：如何拥有并锁定消费者？市场上的产品实在是太多了，有的品类已经达到泛滥的程度，要想把好产品销售出去，必须在合法合规的情况下，出一些奇招，走一些新路。除了像以前那样发展传统的渠道商，通过多种办法提升渠道商的市场开发与盈利能力，现在还有必要考虑将消费商引进来，借助消费商的力量帮助渠道商们成长。

第五节　微商：消费商的新打法

微商脱胎于微信朋友圈个人代购，发源于微信，发展于微信，故而称为微商，它的商业逻辑是基于朋友之间的熟人关系建立起来的，将朋友间的消费信任转化为商业价值。

但是在发展的过程中存在失控现象，出现了很多问题：制假售假、虚假夸大宣传、恶意刷屏、杀熟等，再加上层级分销等问题，使得微商有时候被视为传销。

这是一种严重的误解，对一个庞大从业群体的误解。凡是依托微信平台展开业务推广与营销的个体，其实都是微商，本质是基于熟人关系的社会化分销，利用的工具以微信与微博为主，朋友圈野蛮刷屏正被淘汰，一些大企业与新模式入局，采用平台模式与一级分销模式，并且全力提升产品质量，专注打造品牌。而且，微商是消费商非常好的落地方式，换句话说，微商就是消费商大军里的一部分。

为什么这样说呢？消费商需要运营消费者，需要与消费者建立多种连接，培养情感联系，最好能让消费者转化为粉丝；微商同样如此，品牌方以运营消费者作为核心经营方式，力图将每一位消费者都转化为产品的传播者与经营者，另外，每一位从事产品销售的微商从业者，又想着将埋单的顾客转化为经营者，尤其是隶属于自己团队的经营者。

据艾瑞咨询的数据，2016年中国微商行业市场交易规模为3287.7亿元，未来仍有较大的发展空间，预计2019年微商市场交易规模将近1万亿元。同时，消费者对微商仍持宽容态度，2017年网络消费预期支出中微商占比较2016年上升0.3%，而2016年，微商从业人员数量已达1535万。

（一）微商解读

目前微商主要有B2C和C2C两类主要模式。B2C模式中，企业为经营主体，通过微信公众号或微店平台、APP，开设微商城，搭建一套微商管理体系，直接卖货，也可能吸引销售者加入，发展消费商团队，卖家依靠销售进行提成。

而C2C模式的主角是个人，个人通过公众号或微店平台开微店，它基本上就是直销的线上模式。

B2C或C2C模式，会设计层级制，无论是个人还是企业，也会申请加入微商体系，上一级可以拿到下一级销售额的分红，以前走这条路的企业，往往是3层甚至更多层。管控严格后，一般减少到2层左右。

按照主体参与环节的不同，微商的商业模式可以分为三类：品牌微商、平台微商、个人微商。

（1）品牌微商也分为两种情况：一是新创品牌，成立分销团队，层层代理，最终通过微信等社交平台进行营销并实现销售；二是固有品牌，通过微商渠道发展起来，获得知名度，如韩束等。

（2）平台微商是指企业成立一个专门的平台，连接上游厂商、品牌商和下游小微商户、个人，下游参与者通过平台可以实现手机开店，并通过社交分享实现对上游产品的分销，如微店、萌店、有赞微小店等。

（3）个人微商是指个人基于朋友圈销售商品的商业模式。由于微商强调分销的功能，所以本报告中个人微商不包括个人海外代购。

（二）微商与直销、传销

直销的英文名称为 Direct Selling，意为厂家直接销售产品和服务，不通过分销商，直接销售给消费者。共分为两种情况：第一种是直销商直接把商品卖给消费者，消费者不会成为销售人员，赚取销售差价；第二种是产品卖给消费者之后，消费者被开发为下级销售代表，形成层次结构，上级直销商可以从下级销售代表的销售活动中获得提成。

有人将微商视为直销，主要是第二种模式引发的。一般来讲，微商是线上的代理销售模式，而直销的战场在线下。

再来说传销，英文名称为 Multi-Level Marketing，译为多层次直销，就是在直销的情况下，将商品在层级间的流动和销售变为"拉人头"，或者以商品销售为名义进行"人拉人"的活动，并从发展下线数量中谋取利益。

传销具有以下特征：① 没有实质的产品或产品的价格与价值严重不符；② 入会者需要缴纳大额的入会费，介绍者可以从中获得奖励；③ 不以销售商品为目的。传销不产生任何经济价值，浪费大量的人力、物力、财力，且销售假冒伪劣产品存在欺诈现象，属于非法行为。

（三）微商的运营平台与系统

在微商运营中，它有一个基本的系统，就是代理商授权系统，有 PC 版，依托网站建立，也有移动客户端（APP），或通过公众号进行管理，代理商在线申请加盟，审核后生成证书，代理商可以随时查询，也可以分享到朋友圈与微信群里，提高可信度。

不同层级的代理之间,也可以通过这样的系统进行沟通与管理,比如下线代理要升级,直接在线提交申请,上级代理直接审核与开通。不同层级代理之间的结算,如返利等,也是通过系统管理。

作为总部来讲,就是品牌商可以随时查询所有代理商的信息,对代理商的下单、发货等进行管理;对团队返利、业绩返利、差价返利等进行在线管理;追踪商品物流信息。

(四)微商实战案例剖析

2013年和2014年是微商非常火爆的年份,产生了很多典型案例。

先来说面膜品牌俏十岁,这是曾经非常有影响力的微商案例。大概在2014年底的时候,俏十岁的微商经营活动达到高峰,但随后退出微商渠道,聚焦天猫、京东、线下专柜、航空销售与出口等。目前可以看到,俏十岁在京东、天猫均开有旗舰店,在全国各地开有多家实体专柜。该公司曾经的微商实战策略,对后来者有一些值得参考之处。

接下来,我们看看俏十岁经历了一个怎样的微商运营过程。刚开始的时候,俏十岁做专柜生意,经营状况比较差,积攒了不少库存。迫于无奈,俏十岁创始人决定将面膜免费送给一些人使用,从周边的亲友送起,包括一些时尚圈的爱美人士。

获赠者使用后发现效果不错,就开始在朋友圈或微博上晒图,其中有一些人要求做俏十岁的代理商,开始销售面膜。他们通过微信朋友圈、微博等渠道进行展示和销售。

随后的数月里,俏十岁不断发展核心代理合作伙伴,扩大微商群体。第一个月的销售额不到1万元,第二个月也仅为2万元左右,但后面几个月快速增长,一年时间销售额突破1亿元大关。最后形成的核心代理有十几位,也就是官方合作伙伴,最后将销售俏十岁的微商军团,扩大到上百万人,核心代理的旗下都有上万人。

火箭般的成长速度让外界十分震惊。原本只是打算将长期堆积的存货通过微信免费赠送给周围的朋友，没想到在朋友圈却引发裂变。到 2015 年的时候，俏十岁办了一场万人微商大会，声称销售额达到十几亿元。

另一家面膜微商思埠，成立于 2014 年 3 月 13 日，成立之初的注册资本仅 50 万元，启动资金 15 万元，经过 8 个月的发展，其注册资本跃升为 1 亿元，仅一年时间，旗下连续打造黛莱美、天使之魅、纾雅、素佳 4 个化妆品品牌，并邀请到杨恭如、秦岚、袁姗姗等明星做品牌代言人。

思埠的发展速度是相当惊人的，2014 年 3 月的时候，思埠的创始团队仅 3 人，在十几平方米的地下车库办公，到 2014 年年底，高达 13 层的思埠大厦就已经在广州市花都区建成。据知名电商专家龚文祥在微博上透露，思埠集团 2014 年 11 月的流水大概是 20 亿元。

另一件有意思的事情是，新三板上市公司幸美股份公布的 2015 年度报告显示，2015 年营收 3.10 亿元，较上年同期增长 30.07%；净利润为 2716.47 万元，比去年同期增长 60.10%。迅猛增长的原因是什么呢？据挖贝网的一篇分析显示，主要原因是 2015 年幸美股份变更控股股东为通过微商进行化妆品销售的广东思埠集团有限公司，2015 年幸美股份向广东思埠集团有限公司供应产品 9227.23 万元，使得其当期销售收入迅猛增加。

在微商模式方面，思埠有独到的创新，该公司的很多经销商都有自己的公司，公司法人就是经销商自己，思埠与这些经销商的关系就是供货的合作关系，而且部分经销商就在思埠的大厦里办公。核心经销商多是以公司性质运营，用来发展各地的分销商及个体微商。

据化妆品财经在线的一篇文章显示，思埠董事长吴召国在朋友圈里透露经销商总数已经有 180 万。更准确的数据具体是多少，也只有思埠内部的高管才清楚，不过，从目前思埠各级别经销商的活跃度来看，数量应该不少。显而易见的是，思埠庞大的经销商团队，其实也是思埠产品的核心消费者。在吸引、培养与运营这支团队的历程中，思埠积累了丰富的经验。

先看层级的设计，有分公司—总代—经销商—个人代理，经销商也是公司主体，其实个人代理会向下发展一级代理，零门槛、不囤货模式，不收代理费与加盟费，可以给代理商申请者试用产品，个人只需要通过身份证等信息认证、学习思埠代理规则之后即可获得授权，然后在朋友圈进行推广，订单产生之后，代理再向上游采购，上游经销商直接发货。

若个人代理发展到一定规模，能准确预估销量，可以自愿采购、囤货、自主发货。

产品方面，思埠刚开始力推天使之魅面膜品牌，客户群体锁定年龄为18~38岁的消费者，以家庭主妇和在校大学生为主，容易形成口碑。后来在这一客户群中确实大获成功，同时，思埠在这些客户中发展了很多经销商，据该公司创始人吴召国透露，思埠的经销商队伍中，90%以上都是社会普通民众，如大学生、家庭主妇等。

在重金投放广告提升影响力、塑造可信度这件事情上，思埠不遗余力，刚开始花几万元在湖南卫视做《越淘越开心》栏目的品牌广告，后来为每个系列配一位明星代言。据公开资料，思埠旗下品牌相继登陆央视、湖南卫视等知名电视台，黛莱美品牌还独家冠名了2015年东方卫视跨年晚会；央视春节联欢晚会的黄金广告资源招标上，思埠集团以2501万元夺得2015年CCTV-1、CCTV-3、CCTV-4、CCTV-7春节贺岁套装广告的第六位置。与天津卫视《爱情保卫战》及《非你莫属》合作，拿到第四十一届广东国际美博会"中国面膜新势力"称号等举动，对思埠的快速扩张都是有帮助的。

会议营销是思埠招募到百万级别消费商的关键，经常性举办各种会议，梦想与公益是创始人必谈的话题。比如，每五天就要开一场会，培训经销商怎么做微商。一直到2015年1月，将年会搬到人民大会堂举办，中央电视台主持人撒贝宁及北京电视台主持人春妮受邀担任盛典主持人。

整个微商环境面临质疑后，思埠开始转型，一是要求合作的微商客户开线下店，二是对原有的微商群体进行改造，要求必须具备实名认证，并且由思埠平台开发授权的微商城或微信小店，才可做其微商。

一个比较大的转变是，思埠后来推出的微商策略，不需要微商囤货，没有级别划分，取消了拿货价，基本上只需要负责推广，消费者通过思埠平台下单，由思埠送货。

继续说面膜品牌。高峰时期，韩束微商高管宣称，从 2014 年 9 月做微商以来，韩束在微商渠道"40 天销售了一个亿"。火热的招商扩展之后，其拥有 10 万人的微商代理团队，据参加韩束销售的微商代理透露，其层级大概有六层，分为"大区、省代、市代、皇冠、铂金、天使"，获得各种等级代理授权的方式，则是拿够规定金额的货品。

以市级代理为例，需要一次拿货 7.8 万元，天使级别的代理商只需要一次性拿够 1050 元，不同级别的代理商能够获得的拿货价也是层层加码，成本剪刀差明显。省代拿货价最低，天使拿货价最高。

值得注意的是，韩束的大区、省代、市代等仅仅是代理等级，而不是按省或市来划分的，也就是说，省代并不代表拥有整个省的独家代理权，同样一个省市，可能有多个省代或市代。韩束的每个市级代理能够发展的"皇冠代理""铂金代理"并没有名额限制。

在代理的管理上，韩束放得比较宽松，如高级别代理可以获得相应"授权码"，通过韩束的系统为低级别代理办理授权，甚至授权不需要经过韩束公司的验证。授权办好之后，低级别代理就可以进入系统将这张授权书图片下载下来，之后就可以成为授权代理商。

在微商之路上，韩束不乏大手笔：以 500 万元的赌注挑战传统电商，被传统电商云杉资本回应；巨额广告投入一直伴随早期发展，2013 年，韩束斥资 2.4 亿元冠名《非诚勿扰》，2014 年再次花费 5 亿元与《非诚勿扰》续约；2014 年，韩束在广告中投入将近 6 亿元，子品牌一叶子的投放达到 4 亿元。而且像万人演唱会这样的大型活动，业绩突出的代理有机会参加，差旅费由公司承担。

再看提供微商运营平台与工具的口袋购物，上线 9 个月，赢得 1285 万商家、11 亿 SKU 的交易量，还顺利地拿到了 3.5 亿美元的融资。其背后也是有故事的，口袋购物刚推出微店 APP，起步阶段只是通过内部的社交关系与口碑传播，几个月时间发展到了 1000 多商家，销售提升到千万级。之后召开微店大会，面向卖家推出"微店联盟""微店分销"和"微店·买家版"三大产品。

其中，"微店联盟"帮助众多小卖家集中流量，并在第三方广告平台如腾讯"广点通"上投放广告，"微店分销"则是帮助传统线下品牌厂商，将他们的分销体系搬到线上，"微店·买家版"则是让经常在微店上购物的消费者，获得更好的购物体验，而不再需要去其他第三方 APP。它们一方面为传统线下商家提供微分销的服务，另一方面拉拢个人卖家入驻开店，可以提供线上商品展示、线上交易工具与流量来源。

第六节　粉丝运营实战：消费商的高级阶段

将消费者、关注者、订阅用户、注册会员及到店顾客等群体，发展成为品牌的粉丝，这是消费商运营的高级阶段。我们讲消费商，其中一个解读就是，经营消费者的商业人士或品牌。而经营消费者，有一种策略就是将消费者转化为粉丝，实施粉丝运营。

粉丝运营有几个过程，先是搭平台，然后吸粉聚粉，接着要激发粉丝的活跃度、互动、增强黏性，进而促动粉丝的主动转发传播、产生成交转化。

（一）用哪些平台聚粉

首先来说通过什么平台聚粉，也就是给粉丝一个活跃的舞台，一般都是微信公众号、微博号、知乎号、头条号、淘宝自媒体等，尤其是公众号，是目前运营粉丝的主要工具。

据公开数据显示，微信公众号数量已经超过 2000 万，运营者为企业和组织机构的公众号占比高达 70%，文体、娱乐与传媒类企业占比最高，服务业、IT、通信与互联网行业次之。

另外，日化用品、酒类、饮料、服饰鞋帽、家居建材、装修、设计、工业品等众多行业，都活跃着大量的企业公众号，大家其实都在做同样的事情：粉丝运营。

国内有些机构专门在做这方面的排名，如营销新榜、《财富》杂志、清博指数等。比如，下图所示的排行榜，系新榜推出的《中国500强企业新媒体品牌价值榜》，分微信订阅号与服务号两种。

先看订阅号——

	公众号	传播指数	内容指数	业务指数	互动指数	新增品牌指数
1	吉利汽车	787.2	818.2	729.1	533.8	740.0
2	蒙牛乳业	767.2	631.9	421.2	921.1	722.8
3	中国工商银行	804.0	349.5	790.0	712.9	648.0
4	京东	701.4	642.3	421.2	602.0	635.8
5	中国太平洋保险	705.5	495.2	854.1	455.4	625.2
6	长安汽车	740.2	548.9	503.2	539.3	618.9
7	海信电视订阅号	683.5	695.4	757.1	282.4	614.2
8	中国平安	762.8	589.9	931.3	180.4	611.3
9	东方航空订阅号	687.7	617.8	389.3	492.0	597.7
10	伊利	724.6	472.2	584.5	425.9	575.1
11	百度	725.6	477.7	694.6	319.6	566.9
12	苏宁	639.0	703.6	125.0	432.9	565.8
13	长春欧亚商都	690.4	557.8	455.3	368.0	562.6
14	交通银行微银行	777.6	398.2	711.8	294.3	560.5
15	TCL 空调吗	626.3	489.4	866.5	319.1	547.8
16	安徽江淮汽车股份有限公司	620.6	607.5	533.1	286.8	541.2
17	长虹公司	719.0	476.7	264.3	393.8	535.8
18	中航工业	753.7	426.6	227.7	388.8	530.0
19	中国电信	727.1	224.3	830.3	326.6	506.5
20	碧桂园	694.7	445.4	514.3	180.4	489.9
21	中国太平	730.5	260.0	227.7	484.5	488.7
22	三一重工	683.4	273.8	544.3	393.8	486.2
23	中兴通讯	794.4	501.3	180.4	—	484.1
24	比亚迪汽车	783.2	295.1	823.3	—	472.3
25	万达集团	784.7	554.4	—	—	470.7
26	海马汽车	636.7	431.0	389.3	247.0	467.7
27	保利地产	652.4	370.5	264.3	360.8	464.8

续表

	公众号	传播指数	内容指数	业务指数	互动指数	新增品牌指数
28	幸福武钢	706.2	432.8	341.5	106.4	459.0
29	长城汽车	674.9	377.8	389.3	212.7	455.5
30	亿利资源集团	650.7	531.2	180.4	106.4	450.9
31	东风汽车公司	616.7	408.9	264.3	298.6	445.3
32	中国移动	794.0	313.3	—	168.6	444.2
33	中航国际	622.5	317.7	559.0	220.2	440.7
34	福田汽车	623.9	319.7	615.2	168.6	434.9
35	康美药业	715.7	283.5	408.1	113.8	421.5
36	腾讯	716.6	297.3	517.9	—	413.8
37	万科周刊	724.9	367.1	227.7	—	412.2
38	江铃汽车集团公司	696.5	362.6	113.8	113.8	391.9

再看服务号——

	公众号	信息指数	营销指数	业务指数	互动指数	新增品牌指数
1	中国南方航空	855.8	779.14	623.61	1000.00	738.34
2	新华保险	591.7	698.43	750.00	578.13	700.83
3	中国农业银行	393.3	784.81	806.04	—	657.13
4	康佳集团	433.4	794.39	498.61	747.22	621.38
5	联想	295.8	629.77	571.73	578.13	576.31
6	美的集团	373.3	817.09	373.61	811.51	572.32
7	王府井百货集团	762.9	821.92	323.12	811.51	568.01
8	唯品会	620.0	867.77	373.61	578.13	564.86
9	永辉超市	792.9	424.53	583.16	578.13	545.30
10	重庆农村商业银行	792.9	747.38	415.24	289.06	514.84
11	北京银行	524.0	467.10	696.73	—	514.70
12	中国人寿保险	560.0	213.28	836.17	—	510.07
13	广发证券	729.2	693.22	323.12	578.13	492.71
14	湖南航空	897.3	717.99	290.24	458.16	474.11
15	国美	710.7	811.96	250.00	458.16	472.84
16	天音通讯 10033	433.4	106.64	663.85	578.13	472.31

而清博指数也有一个微信公众号1000强的排名，我们选取2016年7月的数据，排在前20名的有人民日报、央视新闻、冷兔、任真天、十点读书等。

以尚品宅配为例，这家公司的粉丝运营案例相当成功，看完它的手法，想必我们对粉丝运营会有比较清晰的理解。

尚品宅配的主营业务是家具定制，免费设计，预约上门，然后下单生产、物流安装，从设计到安装一条龙服务。

2014年3月7日，尚品宅配微信服务号开始运营；2015年4月12日，尚品宅配微信服务号累积粉丝360万；一年后，尚品宅配服务号总粉丝数已达到600万，推送的大多数文章都能快速上升到10万＋，微信来源的订单金额已占到了电商销售额的60%。

粉丝运营成功的原因，援引尚品宅配负责人的话说：围绕90%"内容消费者"去做持续的精细运营，并引导转化为10%的"产品消费者"。通过线上线下的快速精准推广，结合后续的持续精细化运营转化，尚品宅配实现了较高的ROI（投资回报率）。

这也是粉丝运营的"鱼塘理论"：吸粉—圈养—回报。

尚品宅配副总经理曾凯认为："微信可以有粉丝沉淀的作用。例如，以前我们在搜索引擎获取客户，但是这种获取方式有点像在大江大河里面捕鱼，每一次吃完鱼以后又要重新去撒网，这就是一个不断去寻找新客户的工作。而微信公众号，我们可以把它看成一个鱼塘：我们往公众号里面注入新的粉丝，就好像是向鱼塘里面撒鱼苗，不仅可以随时随地捕捞，还可以让鱼群自然地生长，形成一个独立的生态圈"。

"本身定制家具这个行业，它并不是一个高频次的可以重复购买的产品，一般来说三五年以后可能才会考虑第二次的购买，所以说这么长的时间段之内我们没有办法对我们的老客户进行会员制的营销，所以必须要充分利用我们的粉丝群体去沉淀每一次营销成果。"

那么，尚品宅配又是如何获取用户的呢？他们有两大"增粉"途径。

一是线上活动增粉，举办的频次很高，如600个圣诞鸟枕头的砍价活动，引起 193413 次转发，还有 24 小时内就成功众筹到 200 张爱心课桌的公益众筹活动等等。网友想参加活动，需要先关注微信公众号才能参与。往往一场活动下来，可能吸引上万粉丝。

二是线下门店引流。尚品宅配拥有多家购物广场店，通过门店活动、微信连接 Wi-Fi、微信附近的人等，实现吸粉。比如，广州东宝门店在新开业之日，通过微信连接 Wi-Fi 吸引的粉丝，就吸引上百关注。

单纯吸粉肯定是不够的，关键是后期的精细运营，让粉丝愿意转发分享、愿意拉新、愿意成交等。

尚品宅配充分利用大数据分析，针对客户进行精细化、个性化的管理和运营，一步步引导用户去体验尚品宅配的服务，实现最终的消费转化。

作为一家有技术基因的公司，尚品宅配很早就将微信公众号与 CRM（客户关系管理）打通，通过记录用户的每一个动作（关注、点击菜单等）自动生成智能标签；公众号客服在互动过程中，也会根据用户的回复手动贴上标签；还会给用户推送风格测试 APP，通过测试用户点击规律生成标签。关注账号后，就能测试自己喜欢的家具风格。

基于完善的标签体系给用户推送与标签相对应的内容。例如，A 君对厨房感兴趣，他点击了微信上的厨房案例图文，推送内容就会以各种厨房为主。随着标签采集，对 A 君会越来越了解，推送内容也会更加个性。

此外，尚品宅配还会匹配微信公众号 CRM 数据和设计师的资料，给用户推荐合适价位和风格的设计师。

当然，把粉丝吸引过来之后，再持续举办有奖活动，对激活粉丝也是至关重要的。

留住用户有一种方式是建立情感。尚品宅配深谙此道，在许多功能及服务的细节下足功夫，营造亲切感，拉近与用户的距离。例如，关注后返回的图文中，会显示用户昵称和头像。又如，一些微信文章就是站在用户的角度去创作的。再如，品牌人格化、在微信上一对一的沟通，能够产生亲近感，尚品宅配通过打造"知性的教授薇""可爱的萌萌薇"及"直爽的汉子薇"等不同风格的客服形象，搭配相应特色的沟通风格，形成了颇具亲切感的一对一沟通场景。

（二）解读聚粉方式

针对微博号、公众号、知乎号、头条号等聚粉平台，需要采用的吸粉方式与运营方式都有所区别，下面来分别看看它们的具体攻略。

1. 知乎号的聚粉方式

（1）选择一个或几个主要的话题领域，最好是你自己擅长的，或者说是企业擅长的，与企业品牌和产品有关的。

（2）给自己的号确立清晰的形象，到底是做什么的，有什么专长，能帮人解决什么问题。

（3）坚持输出内容，可以回答别人的问题，也可以写文章，有个知乎大号曾经分享如何做到拥有 10 万粉丝的经历时，就透露说他用四年多时间回答了 3700 多个问题，一共写了 60 多万字。

（4）友善平和，与网友、粉丝交谈互动，热心回复。

2. 微信公众号聚粉

（1）任何场所的宣传物料上，都应该放上二维码，并通过文案引导用户关注。

（2）线上多种渠道并用：官方网站各个页面加上二维码，QQ 群、微信群二维码推广，博客论坛的软文评论推广，豆瓣知乎等小组推广，官方微博导流，等等。

（3）线下活动，在人流量比较大的场所举办主题活动，扫码有奖，在现场物料中添加二维码。

（4）微信有奖活动，如有奖转发、有奖征集、大转盘、跟帖留言有奖等。

（5）通过广点通、粉丝通等渠道推广，即使一些很有名的公众号，现在依然会通过广点通等渠道投放广告。

（6）微信互推，找到相关性比较高，用户重叠度较高的公众号，进行互推，交换粉丝。

（7）内容吸粉留粉：对用户有价值，或者有趣，或者击中用户的心智。注意用不同的文章类型，去测试订阅者的喜好，找准规律，然后对应加大力度。

（8）标题非常重要，有统计显示文章阅读量的80%来自朋友圈，在朋友圈里，文章只显示一个标题，有没有吸引力决定了微信用户是否会打开。

（9）利用好红包涨粉机制，关注送红包、签到领红包、积分兑换红包、朋友圈转发给红包、关键词送红包等，如百度服务号就曾推出周二、周四、周六晚9点回复关键词，就能抢红包，通过这种方式，百度服务号的粉丝活跃度非常高。没有领取到红包的用户，随机领取商城优惠券，也能提升粉丝的黏性。

（10）利用创意涨粉，如有创意的文案、图片、短视频等，可能形成"病毒性"的转发，比如张五毛公众号上一篇文章《北京，有2000万人假装在生活》，收获500多万阅读量，留言达到2万，凭借一篇热门文章吸粉8万多。很多企业的公众号上，也有相当不错的文案。这些文案的标题起得略显夸张，但也正是这些文章取得了较高的点击量，下面我们看一下尚品宅配的文案标题。

序号	微信文章标题
1	我家78房设计，甩邻居9条街
2	精明妈妈这样打造新房，惊动了整栋楼
3	出差一周回来，家里跟进了贼似的
4	从10000套全居案例中精选给您！看它就够了！
5	自从闺蜜有了这款厨房神器，邻家孩子都跑来跟她吃饭
6	媳妇巧装79平方米新房，看傻了所有人！
7	美女高管5万搞定70平方米，惊呆了！
8	房子这样装，58平方米竟可变3房
9	太神了！我家房子就这样被搞大了

3. 淘宝自媒体吸粉/留粉/活粉：一般是淘宝达人订阅号等

（1）给粉丝送福利，如评论"盖楼"，某些楼层可以拿到红利，"网红"

雪梨、陈暖央这样做过，订阅号的评论点赞爆棚，单篇文章的评论量近3万。还有就是发买家秀、提建议等，都有奖励。

（2）分享一些有用的内容，如服装搭配、技巧分享、汽车测评等，典型案例有服装搭配师miuo、玩车教授等，单篇阅读量经常超50万，服装搭配师miuo在订阅号推出街拍点评，总共12季；玩车教授主要是讲汽车专业知识，粉丝把他当专家看待。

（3）发现与培养粉丝团长，让这些团长组织粉丝团购，他们会首先把好用的东西晒出来，跟店铺谈好优惠价格，还会搭配一些"抢楼"有礼活动。

（4）紧跟热点推内容与活动，如买买菌频道，经常性地推送热点内容，粉丝黏性很高。

（5）增强粉丝的感知，如告诉站外网友，在微淘左上角搜索达人昵称，就能关注自己。例如，韩火火一条微博带来上万粉丝转化量，每次发文章的时候，都提醒读者关注。

（6）投稿给淘宝头条、有好货、必买清单、爱逛街等。

第七节　破局之剑：企业如何发展与运营消费商

消费商落地实战，无论是微商、粉丝运营，还是将客户发展为兼职业务人员，都需要解决这样几个关键问题。

（1）能否发展一批活跃的消费商，也就是有能力开发业务、持续贡献营收的消费商。这个规模太小不行，至少得有几千甚至几万的量，以前有些微商号称自己拥有几十万，甚至上百万代理，其实里面的活跃代理也就几万。

（2）能否促成消费商群体的消费？也就是让消费商认可品牌、喜欢产品，不但努力地销售产品，以便获得收益，而且自己也愿意购买消费。

（3）能否发展起规模庞大的消费商群体，并且能够持续吸引新的力量加入，以便应对部分消费商退出的情况。

（4）能否建立起一套稳健、经得住考验、有效的消费商运营机制，这涉及管理规范、运营流程等，以便规范所有消费商的行为，确保有序运转。

（5）能否面向消费商提供多种有效的营销支持，提升其开发客户的能力，这会影响到消费商的积极性，同时关系到是否能够吸引更多的消费商加入代理团队。毫无疑问，只有实现收入的增长，消费商才有持续经营的积极性，也才可能吸引更多的消费商加盟。

（6）你的消费商体系是否合法合规，同时要考虑到微信对分层销售的规定，毕竟很多消费商的推广阵地都在微信的营销平台内，如果被微信封杀，就可能丧失不少消费商。

从目前的情况来看，越来越多的企业引进消费商营销策略，通过多种策略发展消费商群体，部分企业建立了相当完善的互联网分销系统，可以对各层级的消费商实施自动化管理、数据化运营等。

来自100多家消费商企业的营销观察

直销、消费返利、促销团购、微店、微商、朋友圈分销、分销系统等。

- ✓ 越来越多的企业引进消费商营销策略，通过多种策略发展消费商群体。
- ✓ 多数建立相对完善的互联网分销系统，可以实现自动化管理。
- ✓ 微信朋友圈、分销管理系统、社群、线下活动等，成为消费商运营与营销的主战场。
- ✓ 返利比例与营收前景成为吸引消费商的主要诱惑。
- ✓ 主流营销方式：异业联盟；招商加盟；地推；广告投放；小型活动；搜索营销；社群营销；视频营销；微博营销；电子商务；微信营销；事件营销；活动营销；APP营销等。

以奢瑞小黑裙为例，2015年8月成立，15个月后，成为微信分销的行业样板，以微信朋友圈分级销售返利切入服装电商，销售单一品类黑色连衣裙，迅速成长为日均销售额为六位数的电商黑马。一年时间，奢瑞小黑裙公开声称，粉丝量达到650万。

刚起步的时候，奢瑞小黑裙选择了微信朋友圈，不开发 APP，不开天猫京东店，就靠朋友圈转发分销。上线一个月后，拿到洪泰基金 200 万元人民币天使投资，2016 年 2 月获得传统男装生产旗舰企业依文集团的投资；2016 年 4 月天神娱乐集团董事长成为奢瑞小黑裙的投资人。

在小黑裙运营策略上，有几个亮点：一是产品锁定黑色的裙子，虽然是一个重度垂直的细分品类，但"死磕"一个具体品类的做法，很有意思，而且产品定价不超过 1000 元，大多几百元，各种各样的小黑裙。二是主推微信公众号，一年时间突破 700 万元，年销售额上亿元，这是相当强悍的。三是融资速度非常厉害，连续几轮融资。四是三级分销模式，消费者在购买后，能够得到一个属于自己的二维码，只要有人通过扫描你的二维码进来购买小黑裙，你就能获得一定比例的返现。而且二维码主人的二度人脉、三度人脉扫这个二维码，都能给二维码主人带来收益。五是把所有购买者，都设定为销售人员和传播者，用利润的 30% 回馈给销售人员。

是消费商还是传销？小黑裙的运营解读
- 小黑裙上线 4 个月，吸粉 60 万，卖出 23000 条小黑裙。鸿泰基金 200 万元天使轮
- 运营思路：将商品细分到某一颜色，吸引固定人群，299-599 元
- 引爆方式：
  1. 顾客交易后，得到二维码，他人扫码购买，二维码主人获得返点
  2. 二维码主人的二度、三度人脉扫码，均有收益
  3. 70% 用户获得奖励，购买转化率 3%
  4. 每件产品向"中华红丝带基金母婴平安项目基金"捐赠 10 元
  5. 供应链：定制工作室、大工厂合作加工

不过问题也很明显，由于三级分销的原因，奢瑞小黑裙公众号服务号"小黑裙 SOIREE"被通知整改，早在 2016 年 7 月，微信团队曾推出的《微信公众平台关于处理返利返现欺诈行为的公告》，来严格限制微商分销模式，后来声称微信平台只允许两级分销。

是不是说限制微商分销模式，就是阻止大家尝试消费商策略呢？其实不是，现状可以从以下两个方面来理解。

一方面，微信平台上，允许两级分销；如果是企业给消费者的直接返利，比如满赠减的促优惠、消费积分等，没有任何法律法规予以限制。

另一方面，目前有大量企业运用合规的消费商策略，开拓市场，既有 500 强级别的大鳄，也有刚起步的中小型公司，重点是在保障消费者各项权益的基础上，将层级控制在两层之内，并且把给予消费商的返利比例保持在合理范围内。

而在消费商环节，也有 3 种情况：专业消费商、兼职消费商、入门消费商。

谁可能成为消费商：消费商从业者的构成
- **专业消费商**：以此作为主要创收方式之一，多种方式营销，发展二级消费商
- **兼职消费商**：偶尔从业，在受到信息刺激后，会产生主动销售行为，并不靠此增收
- **入门消费商**：认为产品好，或者被返利吸引，顺便分享，但不会从事这种职业，推广频次很低

在淘宝的发展历程以及淘宝上很多电商品牌的发展历程中，淘宝客曾经发挥相当重要的引流与推广销售作用。事实上，这也是一种消费，有些淘宝会员，在淘宝上买了东西之后，觉得东西不错，觉得有利润可以赚，便申请成为淘宝客，开始利用自己的资源推广店面的产品，从中获得提成。

那么，哪些行业或企业适合消费商营销呢，笔者觉得像消费品、金融产品、家居建材、日化用品等行业，都是很适合消费商营销的。

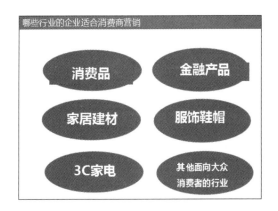

以美的为例，曾经推出美的合伙人计划，其实也是一种消费商的做法。先来说说它的操作流程：成为美的合伙人之后，推广个人店铺或单品达成销售后，可以获得丰厚的佣金提成；合伙人只负责销售，发货与客服都由商家来操作。

想要加入美的合伙人，有几个步骤：一是扫一扫"美的官方微商城"

公众号的二维码，关注这个公众号；二是联系人工客服，直接发送"我要加入合伙人"这样的信息，然后进入合伙人资质审核、注册资料收集阶段，还需要申请人关注企业号；三是"美的官方微商城"企业号验证身份，验证通过之后在通讯录的企业号名录里，就能看到美的官方微商城，点击进入，在菜单中找到"我的店铺"，就可以开始推广赚钱了。

从整套操作流程看，合伙人开店不需要出资，也不需要进货压货，美的大部分产品都能卖，产生订单之后，就能拿到一定比例的提成。

总结众多案例来看，企业要想实施消费商计划，可以考虑4种基本的做法。一是转发模式，入门级别的，转发分享推荐就送礼，成交给返利。二是分销模式，给消费者个人正式授权，提供推广链接、二维码或推广海报，推荐好友加入能拿到分红，还能享受被推荐人的消费与销售收益。三是众筹模式，做预售，产品还没有上市时就已经圈了一批客户，先把市场做起来；或者是众筹砍价，参加的人越多，拿到的商品折扣越高。四是促销模式，也称拼团形式，发动消费商的力量，大家一起来拼团，达到一定人数后，可以拿到很优惠的团购价，团购发起者还能获得特别返利，甚至免单。

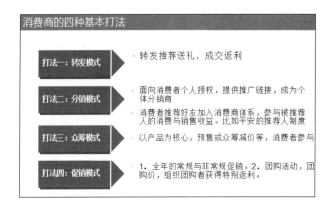

当然，一套有效、稳健的运营架构肯定是不能缺少的，一般来讲，要想用互联网工具运营消费商，至少得有微商城或微店系统，让网友可以用这套系统轻松开店。当然，实力更强的企业，可以同时将官方网站、微信公众号、官方微博等平台搭建起来。有些可能直接开通微店 APP 渠道，让消费商安装 APP 后再开店。

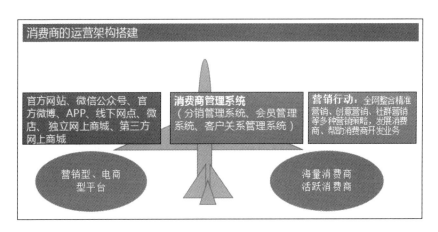

再配上一套消费商管理系统，实施精细化管理，也是非常有必要的，可以用这套系统对消费商进行分类管理、区别消费商的层级、实现消费商的自动升级与自动授权、分析消费商的经营特征（热销品类、推广方式等）、自动结算等。

我们再看以下两个案例，进一步理解消费商运营的落地内情。

中粮集团旗下中土畜健康食品事业部中宏生物工程有限责任公司，曾推出一个微商平台"中粮健康生活"，就是用消费商裂变的方式，在很短的时间就刷爆朋友圈，粉丝增长数百万。当时还引得中粮地产股价大涨7.92%，而中粮屯河和中粮生化更是以涨停收盘。

我们看该公司是怎么操作的呢？中粮健康微生活先是发起了一场"成为生活家"的活动，消费者在健康生活商城购买任意产品，就能获得奖励；推荐朋友在商城购物，也能拿到奖励。那么怎么推荐朋友呢？就是网友扫描二维码，关注中粮健康生活的公众号之后，就可以生成自己的海报发到朋友圈，只要其他好友通过扫描这个二维码进入商城并消费，海报发布者就可以获得一定的收益。

在这个过程中，扫码关注中粮健康微生活的公众号之后，就能成为会员，获得0.88元的"粮票"奖励，"粮票"超过1元就可以转出提现。

另外，每日登录也可以在微信公众号中领取数额随机的"粮票"，"粮票"可以直接用来在网上购买商品。同时，当有人扫描他人发布的海报二维码并在商城下单，二维码所属的推荐人将得到产品售价约10%的返现。

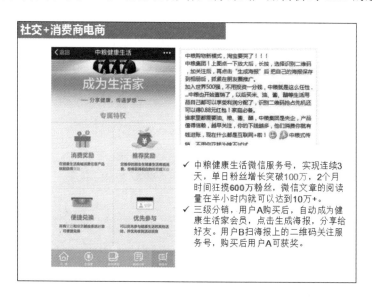

金龙鱼的公众号也曾打出"一键关注当老板、轻松交易有钱赚"的口

号，称其顾客为"微客"，同样是通过带客户、促成订单等方式赚取佣金。大润发的飞牛网也曾有这样的合伙人模式，吸引了不少人在朋友圈发布自己的推荐二维码，做法是邀请一个人注册并消费，就能收入5元；顾客消费，邀请人注册还能获得1%~3%的佣金。据公开数据，截至2015年12月底，飞牛网成功拓展了1000万注册会员，日均订单量已超过4万单，配送范围覆盖全中国，同时拓展了50万合伙人会员。

据笔者的观察，在上述企业中，他们一般只是将消费商的发展当成短期的营销策略，实施一段时间后往往会转而采用其他的营销策略，而且多数是单层次的推荐或销售机制，所以并没有形成拉人头、多层级等问题，往往还给消费者带来了不少好处。

但也有一些存在问题的做法，比如以前的云集微店，将消费商当成一种长期的模式予以落地，有些网友花一定的费用购买商品，从而获得开店的资格，然后推荐其他人开店，能拿到一定数额的提成；不仅如此，推荐人还能从下线的微店营收中拿到分成，并且是多层次的推荐与提成。这样做肯定是不被允许的，因为违反了国家的相关法律法规与政策，后来云集微店也因为涉嫌传销而被工商部门处罚。

不能回避的问题是，企业在设计消费商策略时，必须对层级做出严格的控制，必须避免违反国家对直销相关的规定，还要兼顾微信等平台对分销体系的规定。

第八节　给消费商一个未来：如何持续开发业务

只有持续获得业务、开发新客户、激活老客户，进而增加其收入，才可能保证消费商的参与热情，也才可能实现消费商运营的目标。

那么，让消费商掌握营销技巧、提升业务拓展的能力、掌握客户沟通技巧等，就成为非常重要的事情。当然，不断提升品牌影响力、建立新渠道、改进产品质量、确保较好的消费者口碑与社会形象，对消费商开展业务来讲，同样极其重要。

先来说品牌能给消费商带来哪些支持。

一是与消费商合作的思维问题，至少要有五点思维认真考虑：共赢思维、可持续思维、社交电商思维、管控思维、海量思维。共赢说的是，总部愿意把利润拿出来，给消费商有动力的分成，这一点很多企业都能做到，不过有些企业做得太过头儿，返点比例过高，导致最后资金链断了。可持续思维讲的是，生意持久做，别搞一锤子买卖，产品质量有问题，服务跟不上，导致买家怨声载道，把消费商也给坑了，根本就没法继续做市场。社交电商思维，也就是充分挖掘朋友圈、微博等社交工具的营销价值，利用社交工作做电商。特别需要强调的是管控思维，涉及舆情管控、产品质量管控，还有对消费商团队的管控等，制定运营规则与机制，确保运营的每个细节都纳入监管，避免因为某些环节出现问题，导致触碰道德底线与法律红线。而海量思维，是说发展消费商团队的时候，往往只有先把人员的数量扩充起来，建立一支比较庞大的团队，才可能从中培养骨干人员。有些企业会想，我就主要抓几个或几十个有能力的消费商就够了，其实这样的话，业务开发比较难，因为很多消费商从业者刚开始时很积极，后来放弃的较多，如果消费商团队比较小，可能很快就面临解体的危机。

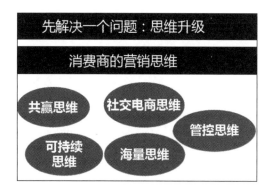

二是品牌问题，企业要把品牌建立好，回归到知名度、美誉度两个核心标准上，做一家受欢迎的品牌，虽然不一定让全社会都知道、都欢迎，但至少在所处的细分行业里、细分领域里，要能够赢得大家的欢迎。这样

的品牌，消费商去推广、做销售才更容易一些。

怎样的品牌才受欢迎呢？企业又该如何打造这样的品牌呢？必须从以下4点来考虑：

（1）倡导一种健康的生活方式，如环保生活、慢生活等。

（2）服务要好，响应快速，不推诿。

（3）背后有故事，关键是这个故事还能打动人，让听者产生共鸣。

（4）宣传中不要过于夸大其词，以事实为基础，通过适当加工的文案进行传播。

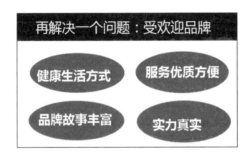

那么，作为一名消费商，又该如何推广产品、如何建立自己的销售团队、如何扩大销售战果呢？有两种能力必须掌握，一是充分利用总部的政策与支持，如总部提供的营销物料支持、促销优惠扶持、开店扶持、广告流量资源等，一定要用好用透用全。二是提升消费商自己的营销能力，这个营销能力既包括宣传推广的能力，尽可能掌握较多的宣传工具，把推广信息扩散出去；也有话术沟通能力，也就是能把产品卖出去，有能力吸引新的消费商加入自己的团队。

一般来讲，可以从如下40种营销方法中训练自己比较擅长的，下面只举几个用得比较多的推广方式讲述。

积分红包营销：建群或者做活动，经常发一些红包或返利，让客户与团队人员都能活跃起来。

直邮营销：在条件允许的情况下，通过电子邮件或邮寄产品册这样的方式吸引客户。

联合营销：找一些目标客群存在关联的商家，一起办营销活动，从中转化客户或发展合作伙伴。

线下服务网点：有实力的消费商，可以考虑从企业拿到扶持资金，自己开店卖产品。

搜索排名优化：做一个宣传产品的网站，介绍一下品牌与产品的优势，留下自己的联系方式与在线沟通渠道，通过地方性的关键词进行优化，吸引客户。

QQ与群营销：有QQ群、微信群营销，一方面添加尽可能多的群，在群里推送信息，吸引客户；另一方面，可以建一些比较有价值的群，把不同的客户拉到一起，有新产品或新的活动推出时，及时推送到这些群里面。把合作伙伴拉到一起，经常相互鼓励、相互分享经验与学习，共同提升业绩。

> **两条路**：1）群海战术。2）精准战术：有归属感、有黏性、有号召力。
>
> - **1. 微信群营销**：最高500人，潜在意向及现有顾客组群；小号加新群；分享有价值内容；分享活动
> - **2. 朋友圈的社群营销**：建立信任、展现正能量（转发或原创正能量内容）、每日互动（点赞评论解答、交流关心等）

朋友圈营销与微博营销：发往微信朋友圈的内容，基本上都可以发到微博上。经营得好，可以将微信与微博上的好友转化为客户、合作伙伴。有一些小技巧，比如注意个性签名，可以是个人的职位、定位、人生感悟、职业语言等；保持一定的分享频率，每天发 1~3 次；与其他好友的互动要多一些，不要限于点赞，针对好友分享的内容，要发表自己的评论；转发一些高质量的公众号内容；偶尔穿插发一些自己所销售产品或代理品牌的信息，包括案例、评价、客户对答等内容。

第六章　消费商的冰与火

在消费商运营与落地实战道路上，有哪些需要注意的事情呢？有哪些法律法规与政策红线需要避开？可持续、健康的消费商理念与运营模式是怎样的？作为消费商企业，我们如何打造自己的品牌，发展壮大消费商团队？作为从业者，我们又该如何自我修炼，不断提升能力？

第一节 消费商实战的道路上，埋了哪些坑

消费商本身是一件非常美好的事情。但如果机制设计与操作环节出了问题，结果就会很糟糕，轻则面临众多负面口碑，重则可能遭遇严重罚款，甚至倒闭关门。

那么，在消费商模式落地的路上，又有哪些要小心避开的大坑呢？

（一）层级制问题

从传统的直销到最近几年火爆的微商，都涉及层级制问题，有些还可能多个层级。以微商为例，它是以每个参与者的朋友圈为中心点，发散出自上而下的层级代理。

在微商的利益链条上，最赚钱的就是五花八门的品牌商和大咖代理。很多微商运营，产品从生产商开始，再从大咖代理往下层层"击鼓传花"，每个参与者都想分点利润，光靠销售额提成难度很大，所以后来就演变成了拉人头、发展下线代理。

在行业内，最底层的代理通常被称为"小白"，拿货价高使他们承担着货卖不出去的全部风险。

如果层级数量不控制，或者链条过长、层级过多，就可能陷入传销陷阱。云集微店就是典型的案例，该公司的APP于2015年2月12日开始上线试运营，从2015年3月26日开始，当事人设定网络微店运作模式为：每人缴纳一年365元的平台服务年费，就可以成为"云集微店"的店主，然后邀请其他人员加入成为新店主。

根据云集的晋级制度，一名店主直接发展30名新店主和间接发展130名新店主加入，就能升为导师；导师团队招募店主人数达到1000名，可向公司申请成为合伙人或者育成合伙人，使相互之间形成上下线的关系。

其中的现金利润分成方式包括：每加入一名新店主，对应的合伙人、导师以培训费的名义可分别获得70元、170元，以此获取利益。同时，"店主"如果在"云集微店"消费购买商品，则对应的"导师"和"合伙人"

均可以得到公司返还商品销售利润的15%；店主邀请新店主加入消费后，所对应的"合伙人"和"导师"也可以获得返利。

据浙江省工商局调查，从2015年3月26日至2016年2月18日，云集微店发展"上下线"涉及人员达310 221名，云集以平台服务费名义获利808.41万元。被判定以"交入门费""拉人头"和"团队计酬"的行为开展网络传销行为，违反了《禁止传销条例》，随后被罚款958万余元。

事后虽然云集微店减少了层级，但问题并没有彻底解决，2017年年中，云集微店多个官方公众号被封，腾讯相关工作人员的回复是：浙江集商网络科技有限公司因从事传销活动已被工商部门行政处罚，平台根据法律法规及平台规则，将永久封禁相关公众账号，并限制相关主体公司注册其他公众账号。

更早的时候，声称拥有700万粉丝的公众号"小黑裙SOIREE"显示"该公众号已被屏蔽所有功能，无法使用"。曾经创下20天卖出23 000条裙子纪录的"小黑裙"，因涉嫌多级分销也难逃被封的命运。被封之前，"小黑裙"可以说是投资人眼中的"香饽饽"，著名的洪泰基金也是它的资方之一，"小黑裙"还获得了腾讯众创空间"双百计划"的战略融资。

还有一家用户规模达到千万级的"环球捕手"，因为涉嫌多级分销被封禁。据澎湃新闻报道，"环球捕手"微信公众号账号运营主体为杭州智品文化创意有限公司，这家由"环球捕手"的母公司格家网络控股的公司，曾因涉及一桩传销案，被湖北省荆州市法院裁定冻结资金账户。下图所示为"环球捕手"的分层销售体系。

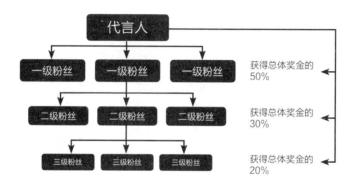

2016年,国家工商总局下发《关于进一步做好查处网络传销工作的通知》,其中就涉及"微商""多层分销"和"爱心互助"等活动。

2016年9月12日,微信也曾发布《微信公众平台关于整顿新型多级分销欺诈行为的公告》,里面提到,"平台发现有用户利用微信关系链,通过微信公众账号实施多级分销欺诈行为,发布分销信息诱导用户进行关注、分享或参与。此模式多数包装为新型商业模式、创新金融产品、互助扶贫、国家帮扶计划等,本质在于利用关系链发展人员,形成多级上下线关系,按照下线人数或销售业绩计算盈利,与传销行为类似,一定程度上具有金字塔欺诈、庞氏骗局等特征"。

(二)产品质量问题

在直销时代,部分头部品牌的产品质量相对不错,塑造了一定的美誉度,如安利、玫琳凯,虽然谈不上极好,但也不差。但到了微商时代,很多微商在产品质量的把控方面,做得并不是很好。

举一个微商品牌出现质量问题的例子,如前两年重点发展微商渠道的韩束等,曾经登上了国家食品药品监督管理总局的质量黑榜。据《北京商报》在2016年9月7日的报道显示,国家食品药品监督管理总局在全国范围组织开展的化妆品监督抽检中,发现79批次防晒类化妆品实际检出防晒剂成分与产品批件及标识成分不符。其中,韩束防晒乳、广州丸美生物科技有限公司生产的春纪美白防晒乳等多个知名品牌登质量黑榜。

做不好产品质量的企业,算不上真正的消费商品牌。从消费商的定义可以看出,它是要运营消费者的,有一个前提就是必须提供优质的产品,让产品赢得消费者的认可与喜欢。

但现实情况是,没有遭遇产品与服务质量问题的企业,可以说是非常少的,几乎大多数有一定知名度、有一定用户量的品牌,都面临着一定数量的消费者投诉。

(1)2018年1月15日,上海市消费者权益保护委员会发布了2017

年度投诉处理情况，以共享单车为例，被投诉量位居前三位的企业分别是享骑、摩拜和 ofo，投诉问题主要集中在：押金退还延迟、系统计费异常、400 客服电话难接通、APP 在线无人回复等。

（2）中国电子商务投诉与维权公共服务平台统计数据显示，2017年"双十一"期间，消费者投诉较多的品牌商依次为小米、ABC（卫生巾）、太平鸟、宝洁、华为荣耀、欧莱雅、美的、海尔、OLAY、特步，其中 3C 数码类 2 家、美妆个户 3 家、鞋服 2 家、家电 2 家、日用品 1 家。

2017 年年初《消费者报道》统计了官方微博和官方微信平台，以及聚投诉、中国消费网和消费者网等平台的投诉数据，合计 53 753 条，发布了一份 2016 年投诉大数据报告。统计结果显示，投诉量排在前 5 名的行业分别为电商行业、互联网服务行业、金融服务行业、交通出行行业及电子电器行业。

以网购为例，淘宝、天猫、京东因其用户量大分列投诉榜的前 3 名，问题集中在产品质量、退货换货、物流服务及虚假活动优惠等方面。在金融服务行业里，银行卡通过第三方支付平台被盗刷情况投诉量最大。

（三）"拉人头"的问题

在消费商落地中，建立分销体系是常见的做法，除了前面的层级制过多、触碰法规红线这些问题外，还有就是"拉人头"。

2012 年，西安市公安局经开分局就曾处理过一起"拉人头"案件。当时有人通过加盟代理的方式，给西安梦蝶商贸有限公司交了 20 多万元入门费，开汗蒸馆。该汗蒸馆通过正常销售经营不能获利，只能通过介绍别人加入开展同样的业务，从中提成才能获利，要收回成本至少需发展 5 人以上，涉及传销被查。

另外一起案例，要数石家庄"心未来互联网平台"采取的会员免费注册加盟模式。会员在该平台的线上和实体店购买商品后，可以在 36 天后获得 100% 的货款返还。根据推荐会员人数的多少，还能升级成不同星级会员，享受不同等级的购物政策，这里面就涉及拉人头。2016 年，"心未来"石家庄总部因涉嫌传销及非法集资被当地警方查封，武汉共有 7 家店被查封。

推荐、介绍其他顾客来购买产品并非"拉人头"，而是一些公司建立的分销网络，没多少人买东西，为了提高收益，拉人进来开店或加盟成为新的代理人，从这种拉人的成果中获得收益。最后的结果是，并没有卖商品，而是拉人交加盟费、开店费或其他费用来赚钱。

要避开"拉人头"这个坑，至少要做好以下 3 点。

（1）层级制控制在 3 层以内，不能触碰相关规定，层级少了，就可能减少拉人头的现象。

（2）发展有能力的消费商从业者，鼓励大家卖产品，对产品销售额达到一定标准的，给予激励。

（3）保证产品质量，只有产品好，才有可能一直卖得好，而产品卖得好，大家才有动力专心做销售，而不是光顾着拉人头交费。

（四）返利比例过高，拆东墙补西墙的问题

在消费商落地这块，无论是直销模式、微商模式，还是消费返利的模式，都会涉及返利的比例，有些企业可以给到 10%，甚至 30% 的返利，有的甚至给到 50% 的返利。

如云集微店，一方面会给店主介绍新人发返利，还会有产品销售的佣金，不同的产品有其对应的比例，奖励为商品售价的 5%~40%。

国美的微店计划中，要求全体员工开微店，分享推荐商品，给的奖励为 0.4~0.8 元 / 件。在国美的"一起吧"平台上，网友注册成为国美在线的用户，分享任意页面、活动与商品等内容，只要有其他人购买，也有不同的佣金比例，为商品销售额的 1%~4%。

国美"一起吧"的消费商佣金比例

序号	品类	二级分类	三级分类	"一起吧"佣金比例
1	手机 摄影 数码			1.00%
2	电脑 办公/打印/文具			1.00%
3	电视 冰箱 洗衣机 空调			1.00%
4	生活电器 厨卫电器			1.00%
5	美妆个护			2.50%
6	家居日用			2.00%
7	钟表首饰			2.00%
8		珠宝首饰		0%
9	运功户外			4.00%
10	服饰鞋帽			1.00%
11	汽车用品			2.00%
12		汽车配件	轮胎	1.00%
13		系统养护	机油	1.50%
14		家居建材		1.50%
15		家纺寝居		2.00%
16		母婴网剧		1.50%
17		食品酒水		2.00%
18			酒水	0%

一般来讲，几个百分点到十几个百分点的返利是比较正常的，毕竟大多数商品的加价空间多在30%以上，但返利如果高达几十个百分点，中间其实是存在风险的。

有一些平台声称消费全返，只要你通过这个平台购买商品，无论多少钱，都能在一定时间内把钱全部返给你。每天返一点，一直到返完，有些平台设计了两年左右的时间全部返完，有些平台可能只需要一年左右的时间。相当于说，消费者没有花钱，还能得到东西。

这类平台由于100%的返还，导致资金链断裂的可能性非常大，即使平台能从商家那里拿到十几个百分点的佣金，但要弥补全返要求的资金量，其实也是不够的，如果后期新来的买家数量减少，平台新收到的钱减少，问题就会暴露。

有些平台严格控制了返利的速度与每天返还的比例，比如，每天按 5/10 000、1/10 000 这样的比例递减式返还，这样估计需要 10 年，甚至 20 年才能返完，给平台留下了充足的运营空间，但风险还是很大的，就怕平台做到一定程度，沉淀了一定资金后"跑路"，最后受伤害的不仅是消费商还有商家。

（五）活跃度不高的问题

有些认真运营消费者的平台，花了很多精力吸引消费者注册会员、购买，力图将顾客与访问者转化为自媒体的关注者，通过服务提升、礼品赠送、活动举办等多种策略，想将客户转化为消费商。

但是消费者的数量不够多，消费商的数量更少，关键是活跃度不高，导致企业很难发挥消费商的能量。要解决这个问题，一是要依靠从产品、服务到营销的整个系统工程；二是重点在营销环节增强引流效果。

第二节 可持续的消费商理念应该是怎样的

十九大报告里多次提及消费经济，包括"在中高端消费、创新引领、绿色低碳、共享经济、现代供应链、人力资本服务等领域培育新增长点、形成新动能""完善促进消费的体制机制，增强消费对经济发展的基础性作用""加快建立绿色生产和消费的法律制度和政策导向""反对奢侈浪费和不合理消费"等。

而普及推广可持续发展的消费商理念，推行健康的消费商模式，其实也是在培育新的消费增长点、促进消费，对品牌消费、信息消费、服务消费等新消费的拉动都能产生一定的作用。毕竟越来越多的消费者加入消费商团队，会帮助强化品牌意识、增加信息需求。

对消费者来说，消费商是一种理智消费的理念；对消费商与厂商而言，消费商是一个双赢、多赢的商业运营模式。

追求以人为本的消费商模式，以消费者为核心，是营"消"而非营销，是以社会福利最大化为目标的。该模式的基本要求是构建一个安全、交易公平、重视资源节约和社会和谐的消费环境，以实现政府、厂商和消费者三者的共赢。消费商模式企业在创造利润、对股东利益负责的同时，还要逐渐提高相关利益方（尤其是消费者）的社会福利水平，以提高消费水平和质量，扩大整个社会的福利水平。

在和谐消费的商业环境中，消费商模式企业须严格遵守法律、高度奉行商业道德、尊重传统文化、关注可持续发展。

（一）安全、公平、公正

提供质量可靠、安全有保障的产品是实现消费者权利的基础。消费商模式企业为实现产品安全必不可少的3个要求如下。

首先，设立确认产品质量的便捷途径和退货程序，降低消费者在购买到不合格产品后的质量鉴定与退货成本。

其次，建立相应的机制，以便在产品出现问题时，能够迅速而且有效地向消费者发布警示，并收回产品。

最后，采取措施，保证其产品的销售过程符合消费者安全与健康的要求。

竞争和交易过程的公平是消费商模式有效性的根本保证。只有形成不同层次企业间的竞争公平、企业与消费者间的交易公平，市场机制优胜劣汰的作用才能得以发挥，才能促使企业降低成本、提高质量、改善管理、积极创新，从而实现提高效率和优化资源配置的目标。同时，消费者亦能以更低的价格购买到更高质量的产品。

消费商模式企业须给予消费者平等、公正的感知和体验。在以传统商业策略为指导的商业模式中，消费者总会质疑：我与其他消费者相比是不是被平等对待了？其他消费者是不是比我得到了更好的待遇、更合理的价格、更优质的服务？我为这项服务或产品花的钱合理吗？以我所花费的金钱和精力，我所得到的比其他人多还是少？公正的感觉是消费者对产品和服务满意感知的中心（同样的道理适用于企业利益相关者的满意感知）。

例如，在1992年，西尔斯汽车中心遭到来自美国44个州的受骗消费者的指控，因为该汽车中心对他们的汽车进行了不必要的维修。由于西尔斯雇员的报酬来自维修车辆的数量，这就导致了其对消费者收取了实际上并不必要的费用。西尔斯公司为平息控诉花费了2700万美元，并造成了其他额外的商业损失，而这一切皆因消费者对自身遭受的不公正待遇的强烈不满。

因此，消费商模式企业必须确保交易程序的设计对消费者而言是公平合理的，为保护消费者的利益，企业还应积极保护及谨慎使用商标、专利等知识产权，并对其生产及销售产品的质量及过程进行监控。

（二）与消费者进行充分的信息沟通

信息不对称造成市场交易双方的利益失衡，影响社会公平、公正的原则，以及市场机制资源配置的效率。例如，买者对所购商品的信息了解总是不如卖商品的人，因此，卖方总是可以凭信息优势获得商品价值以外的报酬。交易关系因为信息不对称变成了委托代理关系，交易中拥有信息优势的一方为代理人，不具有信息优势的一方是委托人，交易双方实际上是在进行无休止的信息博弈。

在经济活动中，信息不对称的情况如此普遍，其影响如此之大，以至于影响了市场机制资源配置的效率，造成占有信息优势的一方在交易中获取太多的剩余，出现因信息力量对比过于悬殊导致利益分配结构严重失衡的情况。因此，纠正以上问题，减少信息垄断，维护资源分配的效率及相对公平，是消费商模式企业的主要任务。获知产品的真实情况是消费者的权利，消费者只有在知情权得到保障的前提下，才能行使选择权。

因此，消费商模式企业必须确保向消费者提供真实、正确、全面、实用并可比较的资讯，建立完善的客户服务体系和投诉处理机制。企业和消费者进行充分的信息沟通，对双方都将大有裨益。

（三）以消费者为中心的企业文化

信任是消费商模式的基础，如消费者获知有关交易记录和个人信息被企业泄露给他人，必定会对企业失去信任。因此，未经消费者同意，消费商模式企业通过制定消费者交易记录和个人信息的保密机制，确保各级员工都认识到其重要性及承担相应的保密责任，并将上述机制告知消费者，以建立企业与消费者的互信基础。无论是对内还是对外，企业都是负责任的形象，将"关爱社会、保护环境、诚信对待消费者"变成每个员工的自觉行为。消费商模式企业须在管理中提高"平等机会"意识，使每一位员工都有平等的发展机会。

第三节　消费商企业与从业群体的自我修炼

要想成功运营消费商，或者做一名成功的消费商，无论是对企业，还是对个人，都需要一定的能力才行。

这里分成两部分讲，一是消费商企业的修炼，而想运营消费者、建立消费商团队的企业，如何打造自己的竞争力；二是从业群体的修炼，也就是想做一名消费商的消费者，与企业一起推广业务，该训练哪些能力。

（一）消费商企业的三大修炼

要想成功运营消费者，或者想成功打造一支消费商团队，并且能够将消费商的模式走通，对企业来讲，至少要在以下3个方面打造自己的核心竞争力。

1. 树立品牌意识，全员深刻践行品牌思维

用做品牌的思维经营企业，而不是用单纯的赚钱思维。现在很多企业，就因为陷入了只想赚钱的经营逻辑里，导致后面出现了很多问题。

仅为赚钱，就可能想尽办法节约成本，压低产品的研发与生产投入，虽然我们倡导物美价廉，倡导高性价比，但如果生产投入过低，或者说给

供应商的进货价压得非常低,产品质量很难做得有多好。卖给顾客后,负面评价就会很多,根本谈不上把消费者留住,更谈不上持续发展与运营消费商了。

那我们要坚守什么样的品牌思维呢?核心是品牌口碑,让大家觉得我们的品牌信誉好、质量可靠、服务好,愿意长期从我们这里购买。当然,还要考虑到逐渐提高品牌知名度等。

2. 打造一支优秀的管理团队,确保运营品质与效率

同一件事情,不同的人去做,得到的结果就会不同。社会上真的存在能力这一问题,而每个人从小的阅历,经历的事情,接触的东西,导致了能力的不同。一家优秀的公司一定会有一个优秀的管理团队,这影响着每一个决策,正是这些细节,造就了结果的不同。如果投资一家公司,一定要选择具有优秀能力的管理层。

3. 确保自己的产品与服务达到优秀标准,并不断创新、升级

在产品与服务环节不断打磨、升级,最基本的是要满足国家各项强制认证标准;做得更好一点的,是要申请到 ISO 质量认证;更高级别的,肯定是产品没有瑕疵,消费者买了之后,用起来感觉不错。再高的水平,就是产品能够超出预期,服务能够创造惊喜。

例如,河南省口碑非常好的商业零售巨头胖东来公司,做服务就做到了相当高的标准。胖东来到新乡开业的时候,人山人海,开业一个多小时,

因人流量过大,只好暂停营业。网上盛传胖东来的84项免费服务,涉及免费检测家电、免费检测电脑、免费检测电动车、免费检测血压、免费义诊等,用极致的服务、多样化的免费服务运营消费者,胖东来就这样成功了。下图所示为胖东来在河南新乡开业时客流爆满的盛况。

(二)消费商从业群体的五种修炼

消费商至少可以从5个方面打造自己,包括专业度、沟通能力、坚韧的意志力、熟练掌握营销方式及总结反思改进的能力。

1. 沟通能力的提升

做一名消费商,很多时候的工作都是沟通,也就是营销,一方面要建立自己的团队,另一方面需要直接销售产品。

首先要锻炼自己的口才。戴尔·卡耐基曾说过:"与他人进行有效的交谈,并且赢得他们的合作,这是那些奋发向上的人们应该努力培养的一种能力。"可见沟通是非常重要的。

在日常的营销工作中经常需要和客户打交道,如新品宣传、促销活动等一系列工作,都离不开与客户沟通。通过提高自己的沟通能力,用更委婉、更贴近客户的话语来向客户推广,赢得客户的认可。要想发展自己的消费商团队，同样需要说服能力，让消费者愿意与自己合作，共同做大销量。

2. 提升专业度

如果自己拥有一定的专业度，如对产品很了解、沟通很专业、服务水平也不错，那么，就可能打动客户，也可能吸引团队成员加入。这就需要不断学习、不断充电，在学习的过程中才能不断积累知识，提高自己的专业知识水平。

同时接受不同的挑战，在高难度的挑战过程中，开发自己的潜能，掌握自身的不足和缺点。不断去创新，让自己接受不同的思想和不同的文化，对自己所学的知识保持充分的兴趣和一颗好奇心。

3. 熟练掌握营销方式

营销方式很关键，如果能够掌握更多有效的营销方式，对拓展客户、发展团队都有帮助。例如，各种促销方式（买赠、满减、满包邮、抽免单、上新价、套餐、第二份半价、试用试吃等）；举办有意思的主题活动；写出有吸引力的文案、设计海报或拍短视频，做内容营销；借势热点展开营销；发起事件营销；联合其他非竞争商家一起做营销；用好QQ群、微信朋友圈、微信群、微博等新媒体。

4. 总结、反思与改进

对自己的失败进行反思。就笔者的体会看，笔者的各种失败，不论是在销售过程中遇到的，还是在生活中遇到的，最终都成了重要的学习体验。事实上，笔者对自己各种失败的记忆，远比对自己各种成功的记忆要深刻得多。因为在回顾自己的每一次失利时，笔者总会从自身寻找导致失败的原因，然后根据这些原因，决定自己应该在哪些方面做出具体的改变，以防止类似的失败再次发生。

5. 坚韧的意志力

有一种说法是：意志坚韧，是每一个伟大人物的共同特征。

我们也许离伟大还有很远的距离，但培养出坚韧的意志，可以帮我们走向成功。一个人意志坚韧，便可能拥有无限的创造力量。人不论做什么事都要有坚强的意志，任何事情只有付出极大的努力才能获得成功。毕竟现在消费商方面的竞争力也比较大，面临的压力也很大，遭遇的挫折可能也会很多，坚韧的意志力对我们来讲，非常重要。

那我们怎样培养坚韧的意志力呢？可以看一些励志的书，比如《意志力是训练出来的》；也可以找一些人共同努力，相互激励；或者多接触一些意志力强、自控力极好的人；同时可以制订容易完成的计划，逐步增加，每当有进步就奖励自己。

当然，如果团队逐步建立起来后，就要考虑管理与运营能力的提升，带着团队一起制定短、中、长期的各类工作、学习与业务目标；培养与激励团队成员；帮助他们渡过难关。还有就是工作效率的提高，也是需要注意的，如每天能新认识多少人、能够跟多少潜在客户沟通、撰写与发布推广文案的效率等。

第七章 站在经济学的高度,理解与运用消费商

在企业的存续与发展过程中,在人的一生中,都需要做出各种各样的经济决策。站在经济学的角度,去认识、理解与思考消费商,可以帮助我们更深刻地洞察消费商的价值,理解它的运转,帮助我们做出更科学的决策。

第一节 营"消":对资源的最大化利用及对经济危机的化解

消费商的一个核心就是运营消费者,简单来讲就是营"消",最直接的价值可以帮助企业拓展市场、扩大销路,不仅如此,它还有经济学价值,最大化利用自然资源和人力资源,并在一定程度上可以化解经济危机。

笔者倡导消费商的营"消"观,是人们的价值观在生产和消费活动中的具体表现形式,是价值观的一个组成部分,是厂商和消费者使用一种价值判断来衡量事物、指导生产和消费的观念。在这种消费者福利最大化标准的指导下,人们避开不利的、消极的、对社会可能产生不利影响的生产和消费行为,而去追求积极的、美好的生产和消费行为。

马克思在《资本论》中说:"社会化的人,联合起来的生产者,将合理地调节他们和自然之间的物质变换,把它置于他们的共同控制之下,而不让它作为盲目的力量来统治自己;靠消耗最小的力量,在最无愧于和最适合于他们的人类本性的条件下来进行这种物质变换。"

这种调节不仅包括生产、流通等各个方面,而且还会影响消费领域,消费也要坚持可持续发展,倡导有责任的消费,保护良好的生态环境。消费商运营模式要求以社会福利最大化为目标,以资源节约、环境友好为产业手段,通过与消费者(消费商)合作实现可持续发展。

1992年6月在联合国环境与发展大会上通过的《里约环境与发展宣言》明确提出:"为了实现可持续发展,使所有人都享有较高的生活素质,各国应当减少和消除不能持续的生产和消费方式。"可是究竟有什么好的模式可以取而代之呢?消费商就是一条可行的道路。

客观来讲,从生产力与消费力之间进行良性循环的角度而言,消费商能够在一定程度上对消费进行调控和引导。消费力或消费能力,是指消费者为了满足自己的物质文化需要,对消费资料(包括劳务)进行消费的能力。消费力包括购买力,这是毫无疑问的。但消费力的内涵,绝不只是购买力。马克思认为,"节约绝不是禁欲,而是发展生产力、发展生产的能力,因而既是发展消费的能力,又是发展消费的资料。消费的能力是消费的条件,因而是消费的首要手段,而这种能力是一种个人才能的发展,一种生产力的发展"。马克思在这里把"发展消费的能力"作为"消费的首要手段",而且看成是"一种个人才能的发展""一种生产力的发展",把发展消费力提高到发展生产力的高度,说明发展消费力的重要性。

消费力与生产力是相对应的,二者相互依存,在互为中介过程中相互促进,在矛盾运动中使社会经济不断发展。市场竞争的实质就是消费力对生产力的关系。消费商理论揭示了生产力与消费力之间的本质联系,指出了要根据消费者的需要来确定"生产些什么"和"生产多少"。而消费者的需要又在很大程度上取决于消费力。这正好说明了生产力和消费力相互依存、相互促进的关系。

没有消费力的提高,没有生产能力的提高,社会进步便是一句空话,消费力的提高引领生产力的提高,而生产力的提高满足消费力的需要。消费商运营模式就是要通过对消费的调控和引导,带动消费力的提高,促进消费需求的扩大和升级,推动消费结构的优化和升级,进而促进产业结构的优化和升级,促进经济增长,促进生产力的提高。生产力提高了,人的素质提高了,居民收入提高了,反过来又会促进消费力的提高。

一个优秀的消费商企业,非常重要的一点就是熟知消费者需求,而一个优秀的生产商有必要与消费商联盟,所以,生产商生产出来的无论是物质产品,还是精神产品,由消费商转化为企业的财富、社会的财富,在企业与社会、企业与消费商、消费商与社会互为中介的过程中,走向共同富裕。

另外,消费商运营模式避免了传统商业模式的历史局限性,很好地处理了消费和生产商之间的关系,在一定程度上可以化解经济危机。

我们先来看经济危机(Economic Crisis)是怎么发生的?它指的是一个或多个国民经济体甚至整个世界经济,在一段比较长的时间内不断收缩(负的经济增长率),在经济发展过程中爆发的生产相对过剩的周期性危机,或者说经济系统没有产生足够的消费能力。

自1825年英国爆发普遍性的经济危机以来,每隔一段时间,世界就会受到经济危机的冲击。由于资本主义的特性，其爆发也存在一定的规律。

在自由市场经济体系中，生产者必须把生产的商品拿到市场上销售，完成交换过程，经济才能正常运转。问题就出在这里，自由市场经济体系生产出来的东西，基本上可以分为两大类，一类是资本品，另一类是消费品。

消费品事关衣食住行，人人都需要；资本品是用于扩大再生产的商品，如土地、厂房、机器等，却不是人人都需要，只有投资者觉得有钱赚，他们才会出钱购买。最理想的情形是，投资者一直觉得有钱赚，消费者信心"爆棚"，这样经济就会迅速增长，所有人都可能会赚钱。这种理想的状态往往很难持续，消费总会萎缩，市场信心总会遭遇打击假如有消费商从中发挥作用，这种理想的状态可能得以延续。

由于厂商以消费者的福利最大化为诉求，消费商以理智消费为追求，二者又共同致力于促使消费者向消费商转变。若一个市场经济体以消费商理念为主导，发生经济危机的可能性会在一定程度上降低。

一位叫刘周的作者认为，市场与产品之间存在背反律，他这样写道："彼背反律者，乃谓生产愈发展产品愈增多，产品市场之负载能力相对产品之增多而愈缩减也。"意思是说生产越发达，产能越大，生产的产品越多，而市场的负载能力是有限的，在产品大量增加的情况下，市场的承受力自然会缩减。可以说，经济危机的产生背后，也有背反律的作用。

因为市场与产品之间存在背反律，便有资本主义经济危机的产生，而要抵制由产品增多带来的本国（本地区）市场的相对缩小，就必须去开拓更广阔的国外市场。从这一点上来说，市场在空间（地域）形式上的扩张，就很自然地成了资本主义国家消除经济危机的一种根本途径。当经济危机来临时，资本主义国家往往把抢夺占领更多的国外市场作为其经济政策的重心；历次经济危机都曾引发资本主义国家大规模的市场争夺，已发生的诸多历史事实都是有力的证明。

资本主义经济危机是生产过剩的危机。但是，资本主义经济危机所表现出来的生产过剩，不是生产的绝对过剩，而是一种相对的过剩，即相对劳动群众具备支付能力的需求而言表现为过剩。因此，在资本主义经济危机爆发时，一方面资本家的货物堆积如山，卖不出去；另一方面广大劳动群众却处于失业或半失业状态，因购买力下降而得不到必需的生活资料。资本主义生产相对过剩的经济危机，最显著地表现了传统商业运作模式的历史局限性。

在传统商业模式下，每当经济危机来临就会产生浪费资源的"口红效应"。所谓"口红效应"是指一种有趣的经济现象，在美国，每当经济不景气时，口红的销量反而会直线上升。

这是为什么呢？原来，在美国，人们认为口红是一种比较廉价的消费品，在经济不景气的情况下，人们仍然会有强烈的消费欲望，所以会转而购买比较廉价的商品。口红作为一种"廉价的非必要之物"，可以对消费者起到一种"安慰"的作用，尤其是当鲜艳润泽的口红接触嘴唇的那一刻。再者，经济的衰退会让一些人的收入降低，这样他们很难攒钱去做一些"大事"，如买房、买车、出国旅游等，这样手中反而会出现一些"小闲钱"，正好去买一些"廉价的非必要之物"。

虽然价格便宜，但买很多又有什么用处呢？我们应该做的是，让很多有需要的人，能够买得起他们迫切需要的东西。

在传统的市场经济运行模式下，资本家在追逐高额利润动机的驱使下，拼命扩大生产，加强对工人的剥削，结果是劳动人民具备支付能力的需求落后于社会生产的增长，市场上的商品找不到销路，造成生产的相对过剩，引起经济危机的爆发。

我们提倡消费商理论的目的就是：发展生产力，普及有责任的生产与消费意识，发展资源节约型、环境友好型产业，让人们过上好日子；保证公平、公正，别让资源耗竭了、环境破坏殆尽了，避免社会变得更窘迫；发动更多人参与到消费商创富中，提高全社会的购买力，化解生产过剩危机。

第二节　站在微观经济学的角度看消费商

消费商模式不仅是对商业运营模式的一次突破，也是对微观经济学中厂商理论[①]和消费者理论[②]的有益补充和完善。

我们都知道，厂商理论是微观经济学的组成部分，研究的是不同市场条件下的厂商均衡条件与价格、产量的决定。换句话说，在厂商理论中，将均衡价格与不同的市场竞争结构结合起来，分析在不同竞争结构下，厂商的价格、利润和产量。在这一理论的发展过程中，出现了很多著名的经济学家和作品，如意大利经济学家皮埃罗·斯拉法（Piero Sraffa）的《竞争条件下的收益规律》，英国经济学家琼·罗宾逊夫人的《不完全竞争经济学》，美国经济学家爱德华·哈斯丁·张伯伦的《垄断竞争理论》等，都不断在完善厂商理论。

在这套理论里，市场结构主要分为四种类型，包括完全竞争、完全垄断、垄断竞争、寡头垄断等，厂商为了使利润达到最大化，将根据 MR=MC 去进行生产。同时也可能考虑到成本最小化。

而引进消费商理论后，微观经济学除了考虑利润最大化、成本最小化等约束条件外，现在会增加一些考虑角度，比如消费效应的最大化。另外，还需要考虑到与消费者建立更多共赢的方式，建立全新的生产与消费紧密衔接、互利多赢的体系；考虑资源节约、环境友好、消费者回馈等因素。以前的四大市场结构，主要是完全竞争、完全垄断等，当部分企业引进消费商策略，并且运营得相当成功之后，有可能衍生出新的市场结构，而成为当前市场状况的补充。

在微观经济学里，消费者理论研究的是消费行为规律与消费者选择，

---

① 杨光英."当代西方经济学基础理论"讲座第五讲厂商理论（上）[J].当代经理管理,1989,(4):56-62. 厂商理论：研究影响资源配置和分配的厂商行为的理论，研究不同市场条件下的厂商均衡条件与价格、产量的决定，它把市场条件划分为完全竞争、完全垄断、垄断竞争、寡头垄断等不同条件，研究对象涉及市场结构、产量、价格、总收益、成本、利润等。

② 金山.消费者理论的思考与案例分析[J].辽宁经济,2016,(11):94-96.消费者理论，研究的是消费行为规律，涉及效用理论、有用性理论、需求理论、消费者选择等。

它包括几个重要的理论，一个是基数效用理论，一般采用边际效用分析法，另一个是序数效用理论，一般采用无差异曲线分析法。还有需求理论、消费者选择理论等。而引进消费商理论后，我们需要增加一些新的思考角度，如消费效应的最大化，以前的消费效应主要指的是消费者消费商品获得的满足感，而引进消费商之外，满足感之外还得考虑获得推广收入的额外效用。

还有消费者选择理论的丰富，此前的分析认为，消费者在满足相同需要的商品间选择时，消费者追求有用性与价格之比最高，也即人们常说的性能价格比最高。那么，引入消费商之后，还是这样选择吗？不一定，可能有些商品搭载了消费商功能，消费者可以购买，也可参加推广，获得额外收入，从而吸引更多人优先购买。

比如，消费可能线（消费者预算线）的调整，消费可能线表示在消费者收入和商品价格既定的条件下，消费者的全部收入所能够买到的两种商品的不同数量的各种组合。换句话说，就是在既定预算与既定价格的情况下，消费者的消费组合，而现在的消费商，预算可能会受到经营行为影响，从消费行为中创收，可能增加了收入水平，外移了消费可能线，商品数量会更多。

每一个去加州旅行的人，都会看到这样的奇特景象：每一棵红杉都长得高大挺直，有的高达百米，连成一片后看起来像一片红海，蔚为壮观。但奇怪的是，它们都属于浅根性植物，怎么会长得那么健壮顽强？难道没有遇到过风吹雨打等冲击甚至被连根拔起的灾难？

这种植物虽属浅根型，但树与树之间根系紧紧相连，互相吸取营养，抵御病虫害的免疫力极强。而且红杉90%的精力用来向上生长，因此长得那么高大。自然界的力量是多么神奇，人类从中也能得到一些启发。

如果一个个中小商家每天迫于竞争的压力，精力都用在留住顾客的各种成本上，效果自然不佳。倒不如像红杉那样紧紧相连，使互相的对立竞争变为和谐共赢，把精力用在产品质量和服务上，用到运营消费者这件事情上，发展消费商与消费者联盟，从而改变现状。

消费商运营思想既丰富了微观经济学理论，同时也是商业策略的创新，是市场经济的一种落地形式。作为一种新型的商业主体，消费商旨在使消费者以商人的理念去消费，使商人以消费者的体验去从商，在一定程度上正在突破厂商与消费者利益分享机制的传统边界，在消费者主权方面体现得更充分，毕竟消费商们对企业的影响作用更大，而企业的销售渠道依靠的主要就是消费商。当然，所有的这一切，都离不开合法、合规并且设计机制高效的这些前提。

追求以人为本的消费商模式，以消费者为核心，是营"消"而非"营销"。该商业模式提倡理智消费，主张在消费过程中创造财富，建立公平、公正、公开的制度，让消费者（消费商）参与到利润分配体系中，让他们获得广泛的知情权、话语权及财富分配权。

基于"消费致富"新理念的消费商企业，会定期拿出一部分利润来"反哺"消费者（消费商），缓解甚至遏制财富分配拉大的距离，拒绝"消费奴隶"的不良观念，摒弃"销售致富"的陈旧观念，为消费者获取财富提供新的渠道。

消费商企业通过诚信、科学、安全的C2B2C电子商务平台，改善了厂商与消费者之间的信息不对称问题，其组织形态是没有边界的，也是没有时间和地域限制的。厂商与消费者以对称地位达成联盟合作关系，共同打造更大的社会福利蛋糕，而不是止步于切分现有的社会福利蛋糕，通过"企业和谐"为"社会和谐"做出应有的贡献。

消费商模式促进了生产力与消费力之间的良性循环。消费商企业主动、积极地进行消费教育，通过消费者公平的体验和分享，改善了厂商与消费市场的关系。这从根本上改变了消费者的弱者地位，解决了信息不对称的市场顽症，从源头上改善了传统商业模式不可避免的资源配置低效问题，并在治本方面对市场失灵和政府干预失灵进行了有益的探索。

消费商模式要求企业严格遵守法律，高度奉行商业道德，提供环保产品，追求社会福利。这种商业思想将有利于公平正义、安定有序的社会局面，并对消费者的边际消费倾向产生积极影响。这在很大程度上改变了社会财富倍增的方向和力度，加快了集聚社会财富的速度。从而在一定程度上为建设和谐社会提供了物质基础。

因此，在未来的经济社会中，消费商模式是一种可以预见、正在实践、值得期待的可持续发展模式，是微观经济学在实践环节的丰富。

第三节　消费商价值的经济学演算

历史的车轮把人们带入信息时代，一切都在快速变化。与此同时，消费者也终于等来了话语权，消费者扬眉吐气的时代已经到来。那么，作为一个消费者，如何积极参与财富分配，做一个消费商呢？

传统消费模式下消费者的消费行为只是一种简单的消费，而消费商时代的到来，消费者的消费行为不再只是消费，而是一种对商品的投资，经营者通过把商品一定的利润返还给消费者，让消费者和经营者达成共赢的局面。

下面我们建立了一个消费商数学模型案例（共享模式）：

$$\sum_{i=1}^{n} P_i = \sum_{i=1}^{n} [(1-k\%)I_i - I_{i-1}] + \sum_{i=1}^{n} (I'_i - L_i) \quad ①$$

式中，K 为折扣系数，I_i 为当前经营者收入或消费者消费，I_{i-1} 为成本，I'_i 为当前消费者通过商品享受到的使用价值，L_i 为人力资本。

由于 P_i 为利益共享，通过①式分别从消费者和经营者两方面来分析各方利益，从而结合起来成为消费商利益的体现。

首先，整个①式建立在 n（人员规模）的基础上。其次，对于折扣，我们先假定一种商品的最大销售折扣为 2 折，并且假定每增加 1% 的折扣，消费者会增加 100 人，即：

$n=100K+C$（其中，C 为初始客户数量）

$\Rightarrow K=\frac{n-C}{100}$

故当 $n-C \leq 8000$ 时，

$$P=\sum_{i=1}^{n}\left[\left(1-\frac{n-C}{100}\%\right)I_i-I_{i-1}\right]+\sum_{i=1}^{n}(I'_i-L_i)$$

$$P=\sum_{i=1}^{n}(20\%I_i-I_{i-1}-\sum_{i=1}^{n}(I'_i-L_i)$$

（当消费者数量达到 8000 以后，折扣率一律为 2 折）

最后，对于 I_i-I_{i-1}，可以看作售价减去成本，若把这个过程看作单独的一个过程，即 I_2-I_1，则可以认为 I_{i-1} 为固定不变的成本。

I_i 为消费者享受到的价值，即用户体验受价格、质量等因素影响。对此，我们用一个案例来说明。以下为模拟说明ＸＸ公司关于运用消费商模式的方案。

什么是消费商？主要可以从以下几个方面来定义。

（1）一个认可企业产品质量和价值观的消费者，对于某一个企业的产品产生持续的消费。

（2）在获得法律经营主体的基础上（如与企业签订经营合同），以经销商、合伙人等方式开展经营推广活动，使企业与消费者之间产生利益黏性关系，从而使自己成为消费商。

（3）经营消费者与消费群体，与企业共享成果。其中包含 3 个要素：消费优惠，分享人力资本，共享利润。

下面介绍一个简单的数学模型来解释消费商的盈利模式。

L_i 为人力资本。

$$\sum_{i=1}^{n}L_i=-a^i+C(i>0,\ a<1,\ C>1)$$

其中 a、i、C 都是假设的量，是作为体现函数曲线而存在的。

L_i 的函数，如下图所示：

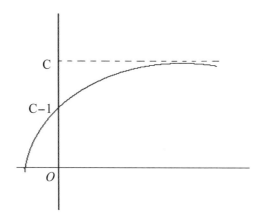

C 为劳动成本上限，即 n（人员规模）达到一定数量以后，L_i 成本的增加趋势会慢慢减小，直到趋近一个固定值（边际递减）。

消费者部分：消费者在消费时能够享受到折扣，并且随消费人数的增加，折扣会持续增加，直到商家能够接受的最大折扣。消费者的体验由各方面因素决定,在已有折扣的条件下,只要保证产品质量过硬,I'_i（用户体验）在理论上是持续增加的。

经营者部分：消费者数量和折扣是一个相互刺激的过程，越大的折扣会带来更多的消费者，并且人力资本投入边际递减。相对于使用消费商模式之前的成本计算方法，整个过程可以大大减少这部分成本。

（1）消费商是一个群体，他们作为消费者和经营者的角色可以相互转换，所以根据这个模型，我们可以从消费者和经营者两个方面来分析利益共享的过程。

消费者：当他们作为消费者参与进来时，可以享受到由人数增加带来的折扣，从而使消费者花更少的钱买到更多高质量的商品。更多的消费者当然是通过消费商的持续分享增加的。在产品质量得到保障的情况下，更高的折扣带来更低的价格可以使消费者的用户体验上升，从而增加消费者利益方面和心理方面的"价值"。

经营者：当他们作为经营者参与进来时，在他们提供给消费者折扣后，保证自己在有利可图的前提下，会给他们带来更大数量的消费者。并且通过消费商的分享作用，大大减少人力资本的投入，不是单纯地通过"烧钱"推广而是通过自发分享来达到这一目的。

（2）假设在某一平台，某商家商品销售价格为1000元，而成本为100元，即他们可以给出的最大折扣为1折。假设每给出1%的折扣，消费者数量增加100人，则当商家给出1%的折扣（余99%）时，商家的利润为：

$$(99\% \times 1000 \text{元} - 100 \text{元}) \times 100 \text{人} = 89\,000（元）$$

而消费者省下了：

$$1\% \times 1000 \text{元} \times 100 \text{人} = 1000（元）$$

每人省下了10元；

当商家给出10%的折扣（余90%）时，商家的利润为：

$$(90\% \times 1000 \text{元} - 100 \text{元}) \times 1000 \text{人} = 800\,000（元）$$

而消费者省下了：

$$10\% \times 1000 \text{元} \times 1000 \text{人} = 100\,000（元）$$

每人省下了100元；

当商家给出50%的折扣（余50%）时，商家的利润为：

$$(50\% \times 1000 \text{元} - 100 \text{元}) \times 5000 \text{人} = 2\,000\,000（元）$$

而消费者省下了：

$$50\% \times 1000 \text{元} \times 5000 \text{人} = 2\,500\,000（元）$$

每人省下了500元。

可以看出，商家提供的折扣为商家带来了更多的客户和更多的利润，同时让消费者省下了大笔支出。

（3）当平台引入消费商模式以后，还有一个重要的改变就是人力资本共享。

在这个模式下,每一位消费商都是推广者,那么通过人力资本共享可以为平台带来怎样的利益呢?

按照传统的推广,假设花 10 000 元可以带来 100 个客户,每个客户的推广成本为 100 元,1000 个客户就是 100 000 元的成本。

在消费商模式下,假定花 10 000 元成本带来 100 个客户,由于共享带来的边际递减的效应,200 个客户可能只需要 18 000 元,1000 个客户可能只需要 50 000 元。

随着客户规模的增加,大家会自主地进行推广、分享,通过消费商达到人力资本共享。例如,一个商品成功销售,利润为 100 元,n 为 1000 时的利润为:$100 \times 1000 = 1\,000\,000$ 元。我们假定 n 达到 1000 时,人力资本已经超过一个相对稳定的值,设为 10 元。由于它的图像为以下形式:

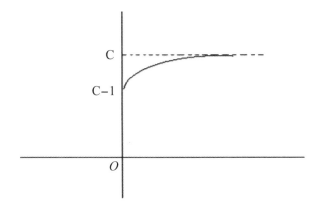

所以 10 000 人的成本小于或等于 $10\,000 \times 10 = 1\,000\,000$ 元。假设返利的比例为 10%,则

$1\,000\,000 \times 10\% = 100\,000$ 元。最终经营者收益为 $1\,000\,000 - 100\,000 - 100\,000 = 800\,000$ 元,即在 80 万 ~ 90 万元。

关于人力资本与普通增长的区别,如下图所示:

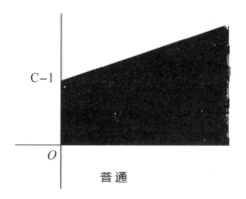

注：阴影部分为人力资本成本

而达到共享时，如下图所示：

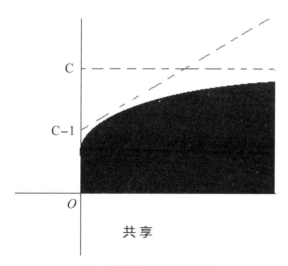

注：阴影部分为人力资本成本

把成本的上限限定在一个固定范围内，即随消费的增加，成本的总额是一个较平稳的值。所以，当 n（消费规模）达到一定程度以后，无论是经营者的利益，或者是消费商的利益都有巨大的提升，而中间相应以前浪费掉的资源，会因为整合而得到充分利用。

（4）通过折扣吸引更多的客户，让更多人参与进来，为消费商模式下参与消费的人们带来更多的优惠，并且通过相同的价格营造更好的用户体验；为在消费商模式下参与经营的人们带来更多的用户，获取利润，并且通过"共享"减少推广过程中带来的成本，使消费与经营更好地结合在一起。

"互联网+"带给我们空前的机遇，过去如果你没有货源，没有资金，没有人力，没有经验，那你根本无法去创业，而现在，只要你有一部手机，会玩微信，喜欢分享，那么你就可以轻松创业，月入过万，甚至更多。

据媒体报道，按照现行增速计算，2018年，中国的社会消费品零售总额预计将首次赶上或超过美国。国家统计局数据显示，2016年社会消费品零售总额为332 316亿元，2017年已经增长到366 262亿元。

如果用消费商引导产生消费，按照10%的返利，就可能产生3万多亿元的财富。如此巨大的财富，必将会催生一种新的商业模式，这就是消费商模式。

过去10年的大趋势如下。

（1）2009年，新浪微博开始内测，最早关注、使用微博并坚持下来的人，如今大多成了"大V"，很多博主一年的广告收入超千万元。

（2）2010年，黄金价格不断攀升，一批中国大妈看准时机果断出手，坐享40%年度涨幅带来的巨额收益。

（3）2011年，艺术品市场非常火爆，最早进入艺术品市场的人，大多赚得盆满钵满。

（4）2012年，微信公众平台正式上线，最早涉足该领域并大力宣传自己公众号的那批人，大多已实现年收入过百万元。

（5）2013年，余额宝等互联网金融产品风靡互联网，而购买互联网金融的普通人，都享受了第一波互联网金融的红利。

（6）2014年，股市再次"牛"冠全球，很多草根股民完成了个人财富的高速增长。

（7）2015年，微商火得一塌糊涂，第一批从事微商的个人和转型做微商的企业动辄月入几十万元。

（8）2016年，直播风靡全球，嗅觉灵敏的主播和企业通过直播平台造就了不计其数的富翁。

这个世界就是这么残酷。机会只有这么多，看你能不能抓得住。

审时度势、读懂政策、抓住风口，才能真正把握财富机会，跻身时代精英之列，成就一番事业。

那么，下一波机会到底在哪里？

从2015年的"滴滴打车"到风靡全球的共享公寓"Airbnb""途家""小猪短租""回家吃饭""陪爸妈"等体现分享经济理念的企业，再到2017年热火朝天的"共享单车"大战，这种种迹象是否释放了一个重大信号？

没错，这就是"消费商·共享经济"。

从2015年至今，我国分享经济规模约为1.95万亿元，参与分享经济活动人数已经超过5亿人；预计未来5年分享经济年均增长速度在40%左右，到2020年市场规模占GDP比重将达10%以上。毫无疑问，"消费商·共享经济"已成为下一个风口。

第八章　消费商引发的消费心理与消费行为变局

几乎所有的经营方式，都涉及对消费心理与消费行为的了解、洞察，并力图把握，在这一点上如果做得好，就能为产品制造、营销推广与客户服务提供更好的支持。

几乎所有成功的企业，从创始初期到大获成功的整个历程，都离不开对消费者的理解，而这种理解，主要有两个方面：消费心理与消费行为。消费商模式的出现，带来了新的变化，我们有必要结合一些新的观念与工具，重新解读消费者。

第一节　消费的社会性及其心理特征

消费是当今世界超越国家、民族及意识形态，席卷男女老少的最普遍的一种行为。一方面，由政府、商人、消费者共同完成这一行为，促成了消费的进步，让更多的人群能够实现品质越来越高的消费。另一方面，消费的奢华与荒诞，达到了不可思议的程度。

值得关注的是，人与人之间的消费会相互影响、相互诱导，尤其是社会主流圈层所产生的消费影响力，带动了整个社会的消费趋势变化。

有一种观念是，从富有阶层产生开始，他们喜欢通过消费来显示自己的强大与档次，炫耀性消费随处可见，以前的奢侈品，为了帮助拥有者彰显财富实力，会设计很大的LOGO。而现在的朋友圈里，经常会有人晒各种昂贵的包包、化妆品与珠宝等，别小瞧这种炫耀性消费，它不仅带动了其他人的虚荣消费，也产生了不好的社会消费导向。

德国社会学家齐美尔是较早研究消费的思想家之一，他在"论时尚"中说，本性驱使人们既追求个性，又追求共性。没有前者无趣，个性到就剩你一个人又感觉压力太大。时尚正好满足这种心理需求，它体现了个性，又有少数人陪伴你。

时尚的生灭过程是：从小到大，太大就破灭了，因为太普及就不能称其为时尚了。此一时尚破灭，彼一时尚就将产生，因为人们需要。现代社会中时尚的更替越来越快，人群的需求更加多元化，任何一种创造都有可能成为时尚，无论是我们感觉很漂亮的，还是本身就很怪诞的东西，都有可能成为时尚。时尚可能是美，还可能是标新立异，甚至是怪诞与另类。

时尚往往能在两个维度上寻找，一个是最新，一个是最旧，而后者比前者更稀缺。所以古董必将成为最大的消费时尚。

有一种理论认为，消费的过程乃是一种独特的社会、文化与象征活动。消费不仅表达经济的差异，更是一组社会与文化的实践。法国社会学家布迪厄认为消费牵涉符号、象征和价值，不应该被分析成一组生物需求的满足。法国后现代理论家布西亚也表示，一切消费都只是象征符号的消费，意义诞生在吸引消费者注意的符号或象征系统中。

从20世纪初开始，西方一批社会理论家就关注由消费主义价值观所引发的"传统断裂、资源浪费、环境恶化、社区解体、主体性丧失"等社会和文化问题，并从不同的角度展开了批判，提出了诸如"炫耀性消费""虚假需求""消费异化"及"符号宰制"等若干命题。

另外，在消费研究这块陆续出现了如效用理论、有用性理论、需求理论、选择理论等成果，消费者理论是经济学大厦的基石，任何重要的经济学理论背后都有消费者理论的影子。

在效用理论中，它被定义为消费者消费商品获得的满足，是消费者对商品的主观评价，可以用于分析消费者如何在满足人们不同需要的商品之间做出选择，如在衣服与美食之间的选择。

这套理论又分化成了基数效用论和序数效用论，前者认为消费者消费商品获得的满足可以用一个数量来表示，如吃一块面包获得的满足是1，买一块蛋糕的满足是2，然后认为吃蛋糕比买面包划算。序数效用理论认为，消费者消费商品获得满足无法用一个数量来表示，而只能排序，如买蛋糕比面包的效用更高，但具体数据不知道。

有用性理论认为，商品具有满足消费者某种需要的能力，可以采用物理、化学等方法测量，用来分析消费者在满足相同需要的商品之间的选择行为，如在两件衣服之间选择、在两种面积之间挑选、在两套沙发之间选购。

在消费者需求研究方面，有学者提出有效需求和消费者实际需要两个不同的概念。有效需求是什么呢？它是指在一定的价格之下，消费者愿意购买的商品数量。如一件西装，定价1000元，消费者愿意买多少；定价800元时，愿意买多少。

而实际需要指的是，假设价格为0，消费者所需要的商品的数量。例如，一套沙发的价格为0时，某个家庭的实际需要可能为1套，再多了，这个家庭没有地方摆放，实际上不需要。

另外，有一套消费研究理论值得注意：消费者利益、权利与消费者主权。消费者利益是消费者应该享有的全部经济利益，它涉及产品成本、产品价格、产品质量功能、服务、安全性等。消费者权利指的是消费者为了自己的物质利益所应该拥有的权利，是市场经济制度与法律制度确定的权利，是公民基本权利在经济活动中的具体体现。消费者主权，指的是在生产经营者的经济活动中，消费者处于最终起决定性作用的地位，每个消费者购买商品或劳务，就是用自己拥有的"货币选票"进行投票，以此表示他们对各种商品或劳务的需求与选择。消费者选择的商品，进入消费领域，退出流通过程，其生产者就可以继续生产这些商品；消费者不接受的商品，滞留在市场上毫无用处，其生产者只能亏损，直至破产。

再来说说奢华消费的问题，千百年来，中国文化一直秉持着"黜奢崇俭"的消费观。而从世界历史来看，几乎从来没有一个社会的主流文化对奢侈持正面、肯定的态度。可以说，消费社会的到来不可抗拒。但这究竟会成为社会再发展的新起点，还是会助推膜拜奢侈生活的社会风气呢？

投资、消费、出口一直是中国经济增长的"三驾马车"，其中旺盛的消费需求即内需，是长期以来有力驱动国家经济蓬勃发展的根本所在。近年来，随着住房、医疗和教育等成本的不断上升，居民购买力和消费意愿不断下降，进一步引发内需不振，最终导致产能过剩，经济增长放缓。为此，国家先后出台了多项政策，以拉动内需，"去产能、去库存、去杠杆、降成本、补短板"。

自中国经济进入新常态以来，支撑经济快速发展的投资驱动、资源驱动等内生因素和外生动力正在慢慢消退，保持经济平稳增长的关键，一方面是供给侧结构性改革，提供更好品质的商品，另一方面仍在于如何拉动内需。

消费商提供了刺激消费的一种思路，以其中的"消费循环"模式为例，它以积分为载体，通过利润合理分配，有效释放居民消费潜力、拉动内需，催生新的经济增长点，对经济发展有重要促进作用。

"消费循环"模式让消费者向消费商转变，省本来省不下的钱，赚本来赚不到的钱，减少中国老百姓刚性支出成本，降低物价上涨、通货膨胀对老百姓消费意愿的负面影响，改善消费环境，提升老百姓的购买力。

必须看到，消费具有两面性，如很多人趁着出国旅游的机会，宁可住在狭小的宾馆房间里，整天以方便面充饥，也要一掷万金为自己和亲朋购买名牌包、钟表珠宝，才是不枉此行。例如，法国艾德加·莫兰在《社会学思考》中所分析的那样：消费者具有两面性，一面是正常的，另一面是病态的。如果人纯粹就是一个彻底的消费者，那就成了病态的。

今天我们的心态同样纠结：一方面是意识到了刺激内需对于经济增长的重要性；另一方面是欲望膨胀可能导致的享乐主义至上、铺张浪费盛行，也令我们心存犹疑。

可见，在刺激消费问题上，如何将个人需求与社会发展和谐统一，成为摆在我们面前的现实挑战。

当然，今天一些新富人群、社会精英、白领阶层对奢侈品的追求，早已不再是简单地出于对品牌的盲目追崇，而是希望通过奢侈消费实现社会认同、身份界定。例如，某著名酒业品牌大幅提价，而其给出的理由就是"满足消费者身份需求"。企业作为市场的最前沿，多少能够捕捉到社会的消费心理。当下我们固然要警惕骄奢之风，但是也要倾听转型期消费社会的心理诉求，而不是急于站到对立面，做消费主义的批判者。

有一个著名的经济学案例是这样的。20世纪初，一辆福特轿车的售价相当于一个工薪阶层3年的工资。售价过高，将很多人挡在了消费门槛外。于是福特果断决定提高效率，以便将价格降到一般收入家庭也买得起的水平。1913年，福特实现流水线生产，每辆T型汽车的组装时间由原来的12小时28分钟缩短至90分钟。当年，他把汽车的价格削减了一半，降至每辆260美元。到1914年的时候，一个工人工作不到4个月就可以买一辆T型车。由此带来的效果是多赢的：虽然单价下来了，但是总量上去了，福特的利润还是得到了保障，并且确立了龙头地位；而车价的下降，也直接推动了美国1927年汽车社会的全面到来；效率的提高，更推动了美国经济的大发展。①

对此，经济学家熊彼特曾经有过这样的概括：伊丽莎白女王有丝袜，但资本主义的成就一般不在于为王后准备更多的丝袜，而在于使丝袜成为女工能够买得起的东西。对于刚刚迈入消费社会的中国来说，相信这段话有着同样的启示意义。

第二节　移动互联网改变消费方式

现在的手机丢不起，因为丢的不仅是手机，还有各种银行账户和各种数据。几乎每个人的手机里都安装了支付宝、淘宝、掌上银行等各种各样的数据消费软件，很多消费和转账等也都是在手机上完成的，这是年轻人的一种消费趋势。而这也成了我们年轻一代的一种生活方式。

移动互联网的迅速发展，改变了人们的消费习惯和生活习惯，而逐渐成为一种新的消费习惯。2017年8月29日是七夕情人节，加上临近开学，大小商家也迎来了一波销售热潮。年轻情侣群体照例还是这种节日的消费主力，但许多商家都注意到，2017年的年轻人在消费习惯上有一点与以往不同了。

学生群体早就习惯了手机支付，但这一次，相当比例的学生却不再使用主流的支付应用，而是换上了颇具标识度的QQ钱包来结账。某地一家热门的学生用品超市记录到，8月25日至8月27日这3天前来消费的顾客中，高达63%的顾客的支付方式为QQ钱包，绝大部分都是年轻消费者。几大主流搜索引擎的热搜指数排行上，QQ钱包近一个月来的热度明显上涨，贡献者也多为年轻网民。此外，很多学校也发现学生缴纳学费的方式开始以QQ钱包为主，QQ钱包甚至在部分校园取代了校内卡，成为校园的主流支付工具。

---

① 张文君.2013年五大整岁汽车品牌盘点［EB/OL］.http://auto.hexun.com/2013-08-16/157158643.html，2013-08-16.

正是因为互联网的迅猛发展，才会让各大企业一心扑在网络营销上，想要借助网络这个巨大的平台，让自己的企业得到更好的发展。于是哪里热度高，哪里就是营销的必须场所，如微博、微信、QQ 等，生活中我们天天接触到的，就是最适合营销的。而各种移动客户端的发展和完善，更扩大了营销的影响力。在年轻的这一代，在互联网的世界，大家正在用知识和应用组合创造新的发展模式。

而这种消费模式不仅体现在我们的日常购物中，社会保险、医院、金融、交通、教育等部门亦已开展更多的 IT 业务，产生了 IT 应用的更广阔空间和场景。移动互联网改变着我们的生活习惯，同时也给企业提供了更多的机遇和挑战，结合新的网络趋势，开创新的营销模式，展现更好的网络营销效果。

"互联网+"引发传统产业大变革，从汽车、家电到家居建材，电商、微商、O2O 等词语频繁轰炸人们的耳朵。对传统行业而言，"互联网+"的核心是利用信息通信技术及互联网平台与之进行深度融合，创造新的发展生态。随着移动网络技术的发展和智能终端的普及，网民的消费行为向移动端迁移和渗透。

1. 移动互联网时代的背景特征

随着移动技术与互联网技术的融合，移动端网民数量不断增长，网民连接网络的设备逐渐向移动终端集中。2017 年 8 月 4 日中国互联网络信息中心（CNNIC）发布的第 40 次《中国互联网络发展状况统计报告》显示，截至 2017 年 6 月，我国网络购物用户规模达到 5.14 亿，相比 2016 年年底增长了 10.2%。其中，手机网络购物用户规模达到 4.80 亿，半年增长率为 9.0%，使用比例由 63.4% 增至 66.4%。

在移动互联网时代，用户可以通过手机、平板电脑等移动设备随时随地参与内容的创造和传播。其特征主要体现在以下 3 个方面：第一，无处不在的信息服务，任何人可以在任何时间、任何地点通过任何终端分享全媒体信息服务；第二，在移动互联网时代，商业模式日益多元化，业务种类更加丰富，服务更为个性，服务质量更高；第三，参与主体的多样性。

2. 移动互联网时代的消费行为

消费者行为是指消费者在购买、使用、评价和处理等所期望能够满足其需求的产品中所表现出的行为。此行为对企业的发展和生存有着重要影响。不管是产品设计和改进，或者制定企业营销策略，都要以消费者的消费行为为依据。我们可以借鉴前互联网时代和传统互联网时代关于消费者行为的研究现状。随着移动互联网时代的到来，消费者的消费行为又有了一些新的特征。

第一，随时随地。相比 PC 端的网络购物，移动终端的购物会更加随意轻松，购买产品基本不会受到时间和空间的限制。同时，基于位置的服务（Location Based Service，简称 LBS）可以让消费者实现更精确的搜索，更便利地获取信息。只要智能手机在手，消费者就可以随时随地通过手机和其他移动设备上网浏览产品并进行比价，最后下单完成购物。

第二，更具个性化。由于移动设备（如智能手机），其独有的价值之一在于移动设备既具有个人生活又具有信息传播媒介两方面的属性，相比传统信息传播媒介形态，手机更加能够显示其私人所有的特性，基本上是一部手机对应一个用户，而且多数用户手机 24 小时不离身。手机网民几乎无时无刻都在对外界发布自己的个人信息。

第三，上网时间"碎片化"。因为手机基本都是随身携带，用户常常会在上班和下班的路上使用手机，甚至在床上、睡觉之前等碎片时间内进行页面浏览、产品比价、迅速下单、社会化推荐、收藏产品等活动，因此移动终端购物呈现出"碎片化"的特点。

从以上分析可以看出，移动互联网时代最突出的特征就是社交化、本地化、移动化。社交化媒体使每个网民都是独立的信息源和传播媒介；本地化的 LBS 技术使消费者的搜索更精准；移动化使消费者能够充分地利用碎片化的时间。移动端作为一种随时随地可以接入网络的工具，使网络信息与消费行为变得更为密切。甚至用户获取消费信息的过程不再是主动搜索，而是"行为关系匹配→兴趣偏好契合→随需求而变化→智能接收"的过程。

因此，我们可以总结出移动互联网时代的消费者行为模式：基于兴趣的广泛浏览，与品牌形成互动→用户在互联网使用行为中表达/暴露消费需求→智能地自动接收企业个性化响应，做出购买决策→消费决策形成并付诸行动（购买、体验）→消费者在互联网分享消费体验信息，并主动参与信息扩散，即 IERAS 模式（Interest+Interact,Express+Expose,Receive+Response,Action,Share & Spread）。①

3. 移动互联网时代的消费行为分析

在移动互联网时代，消费者行为发生了一系列重大改变。对消费者行为进行分析，要解答以下 7 个问题，即市场的 7 个 "O"：市场由谁构成（Who），即构成购买者的群体（Occupants）；购买何物（What），即购买的目标产品（Objects）；为何购买（Why），即购买的目的（Objectives）；谁参与购买（With whom），即采购组织的角色（Organization）；如何购买（How），即采购作业的程序（Operations）；何时购买（When），即购买时机（Occasions）；何处购买（Where），即购买地点/经销店（Outlets）。

(1) **市场由谁构成（Who）？ 构成购买者的群体（Occupants）。**

在移动互联网时代，任何人都可以成为购买者。移动互联网的终端便携性、操作简便性等特点，使得购买者群体很大程度上突破了年龄、性别、受教育程度的限制。

(2) **购买何物（What）？ 购买的目标产品（Objects）。**

在传统消费模式中，消费者的购买行为往往比较单一，通常会针对单一商品进行一次性购买。例如，消费者看到汽车广告，可能会发生去 4S 店购买汽车的行为。而在移动互联网时代，由于信息服务无处不在，消费者能够了解到与产品相关的其他类别产品的情况，或者由一产品的购买而派生出新的消费需求，进而产生"交叉消费"行为。例如，消费者在选购汽车的时候，由于对汽车参数、汽车维修、汽车驾驶的详细信息并不了解，可能会购买相关的书籍弥补相关知识，这个过程中就产生了对其他类别产

---

① 杨波．移动互联网时代的消费行为分析［J］．中小企业管理与科技，2016，（7）．

品的购买行为，即发生交叉消费。

交叉消费的行为实际上发生在购买决策过程中的收集信息阶段。传统消费过程中，收集信息仅限于产生消费需求的产品及对相关的品牌和产品的搜索。在移动互联网时代，消费模式中的搜索行为除了对本产品的信息收集外，更多的来源于信息服务的强大功能。

(3) **为何购买**（Why）？**购买的目的**（Objectives）。

在移动互联网时代，人们的消费购买行为日渐趋于理性化。在传统的实体店面的购物过程中，客户往往容易受购物现场的气氛、营业场所的布置、商品的丰富程度和陈列方式、销售人员的服务质量、他人的购买行为等因素的影响，产生冲动性购买行为。而在移动互联网时代，客户面对的是移动终端的屏幕，商品选择的范围也不限于少数几家商店或几个厂家。在这种情况下，客户可以较为理性地计划自己的消费行为，他们有更多的时间、更好的心态对产品的各个属性进行综合考虑和权衡，从而使得购买行为趋向理性化。

(4) **谁参与购买**（With whom）？**采购组织的角色**（Organization）。

与传统的消费模式相比，移动互联网时代打破了原有的时间和空间限制，使得消费者在第一时间能够得到来自世界各地不同消费者的信息。消费者针对一个类别的产品或者针对某一品牌的产品组成一个社区，在社区中讨论产品的性能、价格、服务等。这个社区是以真实为基础而衍生出来的虚拟，所以具有很强的真实性。来自不同类型的消费者的互动，能够进一步促进其他消费行为的产生。

(5) **如何购买**（How）？**采购作业的程序**（Operations）。

在移动互联网时代，消费者的采购程序愈加简便。人们只需要一个与之相关的身份认证，在挑选完商品后，通过电商入口进行安全支付即可。相比传统的消费采购程序，更容易激发人们的购物需求。

(6) **何时购买**（When）？**购买时机**（Occasions）。

传统消费中，消费者必须在商场商家的固定营业时间才能进行消费行为。而在固定互联网中，电子商务打破了这一限制。在移动互联网时代，新的购买时机出现了——消费者更多利用"碎片化时间"进行消费。以地铁、公交、出租车等交通工具上的碎片化时间为例，人们可以利用这一时间在移动互联网下进行快速的挑选、购买、结算等消费行为。

同时，在移动互联网时代，消费行为确实已无时无刻不在。以读报为例，人们可以随时从 APP 应用商店中购买或下载电子报纸，从而开始随时随地阅读。

(7) 何处购买（Where）？购买地点（Outlets）。

传统的消费行为中，消费者的购买行为会受到商家场地的极大影响，包括距离、交通、营业时间等各方面的限制。

但是在移动互联网时代，配合新的发达的物流体系，地点与区域已不再成为人们的限制；同时完善的物流配送体系可以将消费者购买的物品配送至消费者指定的地点。

第三节　重新定义和理解消费心理、消费行为

一般来讲消费心理有 4 种体现：从众、求异、攀比、求实。

从众心理：个人受到外界人群行为的影响，而在自己的知觉、判断、认识上，表现出符合公众舆论或多数人意见的行为方式，往往缺乏自己的独立判断。实验表明只有少数人保持了独立性，没有从众，所以从众心理是部分个体普遍具有的心理现象。

求异心理：追求标新立异、与众不同。它的利在于可以推动新工艺与产品的出现，而弊在于展示个性不但要考虑社会认可，还要考虑代价。为显示与众不同而过分标新立异，是不值得提倡的。

攀比心理：有几种具体表现，如嫉妒心理、面子问题、习惯性攀比等。嫉妒是一种极想排除或破坏别人优越地位的心理倾向，是含有憎恨成分的

激烈感情。面子问题指的是，当人们积极参加社会活动时，如果过分在乎别人的看法，往往会强化从众心理，导致虚荣心理的产生。再看习惯性攀比，也就是随波逐流，没有坚定的立场，缺乏判断是非的能力，只能随着别人走，随大流模仿。

求实心理：消费者在选择商品时往往考虑很多因素，综合比较价格、品牌、质量等因素，追求实惠，根据自己的需要选择商品，是一种比较理智的消费心理。

网络上广泛流传着"商家必懂的消费者十大心理学"的说法，其中消费心理被总结成以下10种：①面子心理；②从众心理；③权威心理；④占便宜心理；⑤朝三暮四心理；⑥价位心理；⑦炫耀心理；⑧分享心理；⑨攀比心理；⑩懒人心理。

前面讲了4种，下面介绍其他几种。

权威心理：国字号、有认证、国外授权、媒体专家提到的。尤其是权威鉴定、明星代言，影响力往往比较大。

占便宜心理：少花钱买到价值很高的东西，如一款商品，在某些渠道卖1000多元，但在另外某些渠道只需几百元。很多消费者都有占便宜的想法，在确认产品正宗的情况下，绝大多数人会选择价格更便宜的渠道。

分享心理：无论买到好东西还是质量差的商品，消费者都喜欢分享到自己的社交圈里，或介绍给其他人，或吐槽。

价格心理：消费者对商品价格的心理反应，反映出人对价格的理解。在消费者对商品了解得比较少的情况下，主要通过价格判断商品的好坏。另外，有一种消费心理现象是，一些人喜欢把高档商品与社会地位、经济收入、文化修养等联系在一起，认为购买高价格的商品，可以显示自己优越的社会地位。

与消费心理同样重要的是消费行为，如果能够成功掌握消费者的行为规律，企业的经营行为大多能够成功，如早期的研究者凡勃伦，在1899年就出版了《有闲阶级论》，他认为过度的消费是在一种希望炫耀的心理下被激发的，这些观点受到企业的重视。

之后又有美国心理学家哈洛·盖尔的《广告心理学》问世，论述了在商品广告中如何应用心理学原理增加广告的宣传效果，从而引起消费者对产品的更大兴趣。之后的几十年时间里，各种研究消费行为的成果大量出现，研究角度有宏观经济、消费者利益与生活方式等，而不仅限于商品生产者、经营者的角度，研究纳入的参数包括心理、文化、历史、地域、民族、价值观念等，而且研究方法趋向定量化，运用统计分析技术、信息处理技术及运筹学、动态分析等手段，揭示变量之间的联系。

其实，最早发现并注意消费者心理变化及行为表现的是商人。出于赢利的本能，他们在实践经验中注意到，消费者的消费行为与其心理活动密切相关。于是，他们把观察的结果应用于实际，自觉地创造出各种各样引发消费者购买行为的方法，并且不断升级与丰富，于是发展出一套非常实用的消费心理与行业研究经验。

结合消费商的一些影响，当代的消费心理与行为研究，不但注重企业如何理解消费者、如何吸引消费者，而且注重消费者的权益保护，从消费者利害的角度来研究消费心理学；还有，研究同类型消费者生活方式的特点，以及这一特点与消费意识、消费态度、购买行为的关系，从而帮助消费者提高生活质量。

随着社会环境的发展与人们自身素质的提高，消费行为比以往任何时候都要复杂。例如，日本这么富裕，为什么很多人还崇尚节俭？奔驰车是德国制造的，但是为什么德国的富裕人群与中产家庭并不普遍开奔驰？为什么美国人热衷"借债消费"，家庭负债率普遍很高？

为了准确把握日益复杂的消费行为，研究者开始引入文化、历史、地域、民族、道德传统、价值观念、信息化程度等一系列新的变量。其目的就是真正把握消费心理需求与社会环境变化的影响因素，从而实施适应消费需求的经营战略。

消费商登上舞台之后，消费心理学和行为学的研究有了一些补充，比如推动消费者以商人的理念去消费，商人以消费者的体验去从商，而一些厂商开始考虑利用自己掌握的资源，促使消费者向消费商的转型。消费商理论的建构与实践，正在进一步丰富消费心理学与行为学体系的内容。

消费商理论以社会福利最大化为宗旨，有利于社会财富的分配形成一种公开、公平、公正的机制，由于兼顾了效率和公平，有助于解决低收入群体的需要，也就是人们在日常生活中的穿衣吃饭等温饱类型的需要。

以诚信为本的消费商诚信地、发自内心地关心和爱护消费者，为消费者提供真正有益的信息，寻求与消费者结成消费联盟，使其成长为消费商。这会有利于改善人际关系，提高生活环境的稳定性。

消费商会主动地寻找具有营"消"理念的人，展开社会交际，获得伙伴之间、朋友之间的关系融洽或保持友谊和忠诚；同时，一些消费者也希望为消费商所接纳，成为其中的一员，得到相互支持与关照。在商业活动中，消费商可以通过公平竞争和努力工作获得他人对自己的良好评价，并通过努力实现自我价值。

第九章　抓住新风口，消费商掘金注意力与影响力经济

从0到1的过程，消费商其实利用的是注意力与影响力，发展消费商需要注意力，促进销售需要顾客的注意力，引爆销售则需要比较大的影响力。

如果在消费商群体中能够成长起一批创富标杆，换句话说，就是消费商网红、消费商意见领袖，拥有几十万甚至几百万粉丝，自身也有一定的影响力，那么，消费商的成长前景就具备足够的想象空间。

换个角度看，如果企业拥有或者培养起一批活跃度较高的消费商，或帮助一些消费商提高影响力，那其离经营上的成功就不会太远。

第一节 管窥注意力与影响力经济学

早在 1971 年的时候,诺贝尔经济学奖得主赫伯特·西蒙(Herbert·A. Simon)就认为真正的问题不是提供更多的信息,而是分配接收信息的注意力:"……在一个信息丰富的世界,信息的丰富意味着其他东西的缺乏——信息消费的不足。现在,信息消费的对象是其接受者的注意力。信息的丰富导致注意力的贫乏,因此需要在过量的可供消费的信息资源中有效分配注意力。"[①]

然而,直到互联网时代的到来,注意力经济才广受关注。

浙江工业大学张雷教授在《媒介革命:西方注意力经济学派研究》一书中提到,所谓注意力经济就是注意力资源的生产、加工、分配、交换和消费的人类活动方式。另外,聂洲在《时代金融》杂志上刊发的《注意力经济范畴分析》文章中指出,注意力经济是从经济学的角度,对注意力能够获取经济利益的现象进行分析,研究注意力的经济价值的学说。

在注意力经济中,最重要的资源既不是传统意义上的货币资本,也不是信息本身,而是大众的注意力,只有大众对某种产品注意了,才有可能成为消费者,购买这种产品。而要吸引大众的注意力,关键手段就是视觉上的争夺,它的另一个说法是"眼球经济"。

一般认为,在"知识爆炸"的信息经济社会,注意力资源非常稀缺,商家必须注重公众的注意力和长期顾客的维持(注意力的保持)。客户占据主导地位,正是因为买方市场的形成,注意力资源开始稀缺,客户权力高涨。

在注意力经济时代,赢家通吃现象比较明显,毕竟人的精力和记忆能力有限,只能选择性地记忆、存储知识和信息,所以谁能先抓住目标顾客的眼球,谁就可能促成交易。另外,品牌效应非常明显,知名度高的品牌往往更容易引起人们的关注,最可能吸引消费者购买。尤其是某些名牌,

---

① 张雷. 经济和传媒联姻:西方注意力经济学派及其理论贡献[J]. 当地传播,2008(1)

代表一种生活方式、态度与情绪，往往更有吸引力。

"网红"和"大V"是注意力经济的产物，他们用一条条段子、一篇篇文章、一筐筐知识、一段段视频等，吸引了大量粉丝关注。一般的"网红""大V"，动辄拥有几十万、几百万甚至上千万的粉丝量，然后就可能销售广告，或者对接电商，卖书、卖衣服、卖各种东西，如网红电商中的张大奕、雪梨、大金家等。

对注意力经济，可以这样做一个总结。

（1）注意力资源是有限的、稀缺的，很难平均分配。

（2）注意力是受众针对某一特定公司、特定产品而言的，其他企业很难借用。

（3）注意力带有从众的特征，可以相互影响，能促使注意力往主流方向集中。

（4）注意力能够产生直接的经济价值，从注意力到销售成交的距离并不远。

（5）获取的注意力越多，收获的成果就可能越多。

（6）挖掘注意力经济的价值，有必要了解目标顾客，他们想看什么、都在注意什么，然后对症下药，用他们感兴趣的东西吸引注意。

再看影响力经济，它跟注意力经济的关系是非常紧密的，注意力经济是站在受众的角度来讲的，从受众注意力出发；而影响力经济，则主要考虑的是一个人或一个品牌的影响力，包括知名度、美誉度等因素。

影响力经济的划分有社会名人影响力、权力影响力、传媒影响力、社会导向影响力、商品特色与优势影响力、名牌影响力（国际国内知名品牌的影响力）等，都可看作是影响力经济现象需要研究与思考的一些重要范畴。

以其中的名牌影响力为例，名气大的品牌往往能吸引最多的顾客，如你穿的、用的是否是国际国内名牌，已成了人们身份与地位的象征；开的车，是进口车、合资车还是国产车,也成为影响力的一种表现。例如,可口可乐 2016 年的营收为 418.63 亿美元,一直是可乐领域的老大;豪华型 SUV 汽车,前 3 名的位置一直被奥迪、奔驰、宝马这 3 家名气最大、认可度最高的品牌占据,像凯迪拉克等品牌还在追赶中。

中国人民大学教授喻国明在《影响力经济——对传媒产业本质的一种诠释》一文中认为,影响力是一种控制能力。这个比较好理解,如果拥有一定的影响力后,会对市场、对消费者产生一种控制力,大家都愿意优先了解与购买这些具备较高影响力的品牌。影响力是通过传播实现的,不仅要吸引一定的注意力,还需要确保目标受众能够持续不断地保持关注,把注意力凝聚起来,才能形成越来越高的影响力。

换句话说,由注意力的形成到影响力的实现,需要两个重要因素:一个是要凝聚目标受众,另一个是使这一资源得以持续。我们看到很多企业为了保证影响力的持续,每年、每个月都会投放大量广告。《广告时代》杂志推出的全球广告投放大客户 2016 年排行榜前 100 名中,大众的投放是 66 亿美元,通用的投放高达 51 亿美元,宝马的投放为 31 亿美元。前 100 强中汽车类企业的广告费高达 470 亿美元,宝洁与联合利华也是几十亿美元的投放。

全球广告投放大客户 2016 年排行榜前 100 名

排名	车企	广告支出(亿美元)
2	大众	66
6	通用	51
7	戴勒姆	50
11	福特	43
12	丰田	41
14	菲亚特-克莱斯勒	39
25	宝马	31

在影响力经济领域,还有一个时差经济的因素,值得我们重视。时差是一种机会,机会不是人人都可以把握的,如股票市场空间上地区时差机遇、周期性时差机遇等,微博、微信刚出来时的红利等,比较一种新技术

出现之后带来的时差机遇等,只要把握好,就可以提升影响力。

具体来讲,国家宏观经济走势的周期性机遇,有的几年一个周期,有的几个月一个周期,世界经济周期性发展的机遇,同样有几年或十几年的周期性机遇,而这里讲的周期性规律,实际上都是时差机遇。

有些企业家与企业之所以能成为有影响力的著名企业家与著名企业,其重要原因之一,就是善于把握时差经济规律,所以他经营的企业就可能把握最好的发展机遇,而且能保持其领先的影响力。

第二节 如何共享注意力与影响力经济的红利

文化创意、科技创新,更是中国经济快速发展的两大领域。如果你是一个企业家,那你不妨在文化创意与科技创新上下功夫,有机会创造可观的财富。如果你是一个消费商,你也可以选择文化创意、科技创新的产品向消费者推荐。

作为一名合格的消费商,首先是一个文化创意者和科技创新者的宣传者。如果对创新产品一无所知,很难成为一名成功的消费商。所以创新时代,对消费商同样提出了新的任务、新的要求。当然你不一定是一个文化创意和科技创新专家,但你一定要了解创新产品新在什么地方,对消费者有什么样的价值,尤其是在吸引消费者的注意力、用好注意力经济与影响力经济这些事情上,做得越好,收获越大。

对消费商来讲,深刻理解与利用注意力经济的一些特征,自然是非常关键的,下面分别从企业与从业者两个角度提供指引。先来看消费商企业如何挖掘注意力经济的价值。

(1)注意提升品牌的知名度,从而吸引更多消费者的购买,有品牌影响力之后,更容易让消费者放心,更容易将消费者发展成为兼职业务推广的消费商。

要做到这点，需要考虑的因素比较多。

①先要设计一套可识别的品牌形象体系，包括品牌名称、LOGO、产品包装、宣传物料、产品呈现、售前售后服务等。

②争取做到品牌差异化，表现在核心卖点的不同、客户群体的不同等，如奔驰的舒适、宝马的操控、奥迪的稳重等。

③设计吸引注意力、塑造影响力的宣传方式，用哪些方式宣传、通过哪些媒介渠道宣传、投放怎样的宣传内容、如何安排时间节点等。

（2）注意品牌口碑的培育与传播，用户评价比较好，很多人参与传播，这样就容易形成注意力效应，吸引到消费者的注意。

（3）在所属的品类中，一定要占据前面的位置，最好是前三名、前两名，成为一个品类的代表，这样能够最大化地吸引注意力。

以搜索引擎为例，早年的时候，有百度、谷歌、搜狗、搜搜、360搜索、必应等众多搜索引擎，但大家经常使用哪家的呢？答案是百度，它占了第一名的位置。

再说即时通信工具，以前有QQ、MSN、泡泡、UC、飞信、百度hi等，像新浪的UC还曾经是前三强，但最后只有QQ活下来，因为它是这个品类中的第一名。

我们再说瓷砖这个品类，品牌非常多，但名气最大的要数东鹏，其销量也是相当高的。其他的如诺贝尔、金舵等，相对就差一点。再说进口地板这个品类，得高的发展历史比较长，名气大，很多人买进口地板，就容易想到它。这些都是注意力与影响力在发挥作用。

（4）企业培养与打造意见领袖。作为消费商企业，还有一种办法可以抢占注意力与影响力经济的高地，就是培养与打造自己的意见领袖，企业老板、高管、核心管理团队、员工、经销商等，甚至客户，都可以成为意见领袖。

这样的案例很多，如小米创办时，7名联合创始人——雷军、林斌、黎万强、周光平、黄江吉、刘德、洪锋，都是各自领域的意见领袖，部分人在微博上还是"大V"，截至2018年1月18日，雷军在微博上的粉丝有1500多万人，林斌的微博也有700多万粉丝，黎万强有500多万粉丝。下图所示为雷军的微博界面。

虽然华为以前投放的广告并不多，但任正非的几篇文章与讲话在"江湖"上成了传奇。他出场曝光的频次并不高，但报道与评价却相当多，如《华为的冬天》《华为的红旗到底能打多久》《我的父亲母亲》《北国之春》等，在网上流传非常广。

再如马云，从阿里巴巴创办开始，他就到处拜访客户，到各种场合演讲，成为企业一等一的意见领袖，他的语录与视频见诸各种媒体。

再来看从业者又有哪些技巧与招数可以用，也就是那些从事产品分享、推荐与推广的消费商从业者们，又应该怎么做？

（1）掌握更多吸引注意力的工具与方式。

作为消费商来讲，无论是分享推荐企业的产品、发起并组织拼团，从成交中拿到佣金，还是加入企业的经营体系、开微店、推广产品二维码等，其实都是为了吸引注意力。只有让更多的目标顾客注意，加更多的好友，才可能提高成交率。

那么，要想吸引注意力，就必须掌握更多的营销推广方式与工具，如懂得如何使用朋友圈做营销,如何加微信好友,如何赢得好友们的认同,如何使用微博营销,如何在 BBS 上展开推广,如何用好 QQ 与 QQ 群,如何提升自己的沟通能力,等等。

(2)掘金影响力:向意见领袖看齐。

如果一位消费商从业者能够让自己成为意见领袖,拥有几万、几十万甚至上百万粉丝,那么,他/她就可以利用自己的影响力来完成产品的销售与团队的组建。

有些电商达人,刚开始的时候没有创建自己的品牌,而是帮助其他商家做推广,凭借熟练掌握的营销方式与自身影响力的提高,往往能够将业务做得风生水起,甚至还会积累越来越多的粉丝。

例如,以前的淘宝客也是消费商的一种,有一个网友曾经做了 6 年淘宝客,通过百度空间、QQ 群、百度知道、SEO、人人网、微博、邮件等多种方式展开推广,到 2013 年的时候总佣金到账 400 万元左右,扣除淘宝联盟等各项费用,纯利润高达 100 多万元。

在直销时代,安利、玫琳凯等品牌旗下,也诞生了不少消费商达人,销量做得非常大,团队也很完整。做到营销总监(行政钻石)、高级营销总监(双钻石)、资深营销总临(三钻石)、皇冠(四钻石)、皇冠大使(五钻石)等级别时,无疑都称得上达人了,但难度也非常大。据公开资料显示,截至 2009 年年底,安利的皇冠大使在全球有 91 个,在中国有 31 个,如周帆扬与郑新清夫妇、王寒茹、任英才等。在后来的几年里,安利虽然没有明确公开皇冠大使的数量,但在其官网上能够查询到安利大中华区全球政策咨询委员会成员的情况,2016—2017 年该委会员成员共有 91 户(大部分是夫妇组合)。这个委员会的成员是由杰出的营销领导人组成的,皇冠大使经过审核后,才能够进入该委员会。

第十章　新经济与共享经济带给消费商的动力

　　我们已经进入了一个分享的时代。通过各种互联网平台，我们和其他人分享汽车、房屋、Wi-Fi、工具甚至知识和技能，一种全新的消费模式正在进入人们的生活。分享经济正在改变传统的经济形态，并带来影响力巨大的商业变革，共享经济的繁荣，为消费商的发展创造了众多机会。

第一节　新经济、共享经济的繁荣

一、新经济

所谓"新经济",它有很多定义,可以是建立在信息技术革命和制度创新基础上的经济形态,也可以说是创新性知识占主导、创意产业成为龙头产业的智慧经济形态。

据财经网 2014 年 8 月 25 日发表的一篇名为《安邦:美国经济转型正在加速》(作者系安邦集团高级研究员贺军)的文章显示,20 世纪 90 年代以来,美国经济出现了世界第二次大战后罕见的持续性的高速度增长。在信息技术的推动下,美国自 1991 年 4 月以来,经济增长幅度达到了 4%,而失业率却从 6% 降到了 4%,通胀率也在不断下降。如果食品和能源不计算在内,美国 1999 年的消费品通胀率只有 1.9%,增幅为 34 年来的最小值。

这种经济现象一度被人们表述为"新经济"。美国《商业周刊》1996 年年底的一篇文章认为,美国目前这种"新经济",其主要动力是信息技术革命和经济全球化浪潮。

关于"新经济",目前还有很多争议,有的学者认为,所谓"新经济",实质上就是知识经济,是指区别于以前的以传统工业为支柱产业、以自然资源为主要依托的新型经济。这种新型经济以高技术产业为支柱,以智力资源为主要依托。

也有学者认为,"新经济"既然是依托经济全球化和信息技术革命形成的,那么,这是现阶段某些国家独有的一种经济现象,还是普遍的国际现象?是一段时间内存在的现象,还是长期稳定存在的现象?

还有一些经济学家,如克鲁格曼,对"新经济"持否定态度,认为美国经济生活中出现的一些变化是由暂时因素促成的,并未出现根本性的、动力性的变化,经济周期仍会反复出现。

再来看国内对新经济的解读。2016 年 2 月 3 日的国务院常务会议上,李克强提到了"新经济"这一概念:"新经济"里面制造业和服务业常常是混在一起的，设计制造营销"一条龙"。"要让政策向新动能、新产业、新业态等倾斜，大力发展'新经济'。"

李克强总理这样解读新经济：它涉及一、二、三产业，不仅仅是指三产中的"互联网+"、物联网、云计算、电子商务等新兴产业和业态，也包括工业制造当中的智能制造、大规模的定制化生产等，还涉及一产当中像有利于推进适度规模经营的家庭农场、股份合作制，农村一、二、三产融合发展等。而且，发展"新经济"，小微企业可以大有作为，大企业可以有更大作为。目前很多大企业也在搞创客空间，有许多这样的例子。

李克强还表示，众创空间进一步打破了专业界限，以及工业和服务业等传统划分界限，促进了分享经济和共享经济，其中孕育着"新经济"样态。

在2016年2月24日的国务院常务会议上，李克强再次详解"新经济"。"中国经济发展到今天，正面临转型的阵痛期，再让传统动能继续保持过去那样的高增长，不符合经济规律。"李克强说，"但只要我们坚韧地走过来，让'新经济'形成新的'S型曲线'，就会带动起中国经济新的动能。"

曾两次参加世界经济论坛年会，首位走上哈佛讲坛的中国著名企业家、海尔集团总裁张瑞敏认为：所谓新经济，应是以数码知识、网络技术为基础，以创新为核心，由新科技所驱动、可持续发展的经济。

著名经济学家樊纲则认为："新经济"事实上被人们在不同的场合赋予了不同的含义。最初，新经济是用来指美国经济在近几年所表现出的一种状态，在科技进步和全球化的基础上长期高增长、低通胀、低失业；这使传统上描述失业与通胀反向相关关系的所谓"菲利浦斯曲线"不再适用（因此是"新经济"）。后来随着"网络股"的飙升，国内外的许多人正在许多场合把以信息、网络业为代表的所谓"新科技产业"或"科技板块"称为"新经济"，而把其他所谓的"传统产业"称为"旧经济"。

也有人认为，新旧经济之间最根本的区别是，建立在制造业基础之上的旧经济以标准化、规模化、模式化、讲求效率和层次化为其特点，而新经济则是建立在信息技术基础之上，追求的是差异化、个性化、网络化和速度化。

可以这样认为，新经济的实质，就是信息化与全球化，新经济的核心是高科技创新及由此带动的一系列其他领域的创新。促成新经济出现的现实环境是全球经济一体化。

在新经济环境下，企业营销、消费者特征都有了一些改变，新经济本身是凭借强大的客户群体来支持和发展的，它更加重视客户价值及股东利益，营销上注重以人为本，以品牌为本，熟练使用信息技术变革催生的营销工具，努力开拓与维护客户资源；要求企业拥有更高的客户满意度，践行对客户做出的承诺，将消费者发展为粉丝及消费商。

传统动能发展到一定阶段出现减弱是规律，很多国家都走过这样的路，尤其是发达国家，有很多先例可寻。这个时候就需要新动能异军突起，来适应产业革命的趋势，而且新动能和传统动能提升改造结合起来，还可以形成混合的动能。

李克强总理表示，新动能对传统动能的改造提升很有意义。现在要推动去产能，就涉及重化工企业，很多这样的企业用人过多，需要把富余的员工转岗，而新动能发展起来就可以提供更多的就业岗位，这也使我们可以用较大力度去推动去产能。现在提倡的"大众创业、万众创新"，实际上是为大、中、小企业、科研机构等提供一个平台，使众创、众包、众扶、众筹等有活跃的空间。

李克强总理还有一个分析是，如果把亿万群众的创造力、积极性调动起来，可以形成投鞭断流的气势，再加上背水一战的意志，就可以顶住经济下行的压力，并且促进经济的转型。

我们从这段解读中，其实也能发现新经济与消费商的一些内在关系：都要发挥群众的动能，都要求寻找新的动能，都试图实施众创、众包、众扶、众筹等。

1996年，美国《商业周刊》发表了一篇题为"新经济的胜利"的文章，主编斯蒂芬·谢泼德认为，美国已进入一个新经济时代。自此之后，美国的新经济现象被广泛引用。了解这段历史，也许对我们打开视野有所助益，当时是这样总结的。

1. 经济持续增长

从 1991 年 4 月开始复苏至今，美国经济已持续增长 120 多个月，远远超过战后美国经济平均连续增长 50 个月的纪录，成为战后美国第 3 个最长的经济增长期。美国年均增长率超过日本、德国等主要竞争对手，扭转了美国经济增长速度在 20 世纪七八十年代落后于日本、德国的局面，使美国在全球经济中的实力相对有所回升。

2. 就业人数不断增加，失业率稳步下降

伴随着 20 世纪 80 年代中期以来，美国经济结构的调整和以裁员为其主要内容之一的"企业重组"，美国结构性失业日益突出，就业形势急剧恶化。美国失业率在 1991 年上升到 6.7%，1992 年就业形势仍继续恶化，全年失业率高达 7.4%，失业人数多达 900 多万人。

从 1993 年开始，美国就业状况开始改善，失业率稳步下降，1998 年 12 月降到了 4.3%，这是美国 30 年来的最低水平。

3. 劳动生产率提升，出口贸易增长势头强劲

美国劳动生产率的显著提高和劳动力的成本优势，增强了美国产品在国际市场上的竞争力。1991—1994 年，美国制造业的劳动生产率一共增长了近 12 个百分点，超过了日本和西欧国家的增幅。

在美国劳动生产率较快提高的同时，其单位劳动成本在 20 世纪 90 年代却增长缓慢，结果，美国产品的国际竞争力显著增强。半导体和小汽车等领域的绝对优势，使美国在 20 世纪 90 年代初期重新夺回世界第一的位置。

新经济虽然是以美国近 10 年来的经济发展状况为基础而引申出来的一个全新概念，但其赖以依存和发展的两块基石——信息领域的技术革命所带来的全球信息化，以及导致各国经济边界日益弱化的全球经济一体化，其作用及影响已远远超出了美国国界。

因此，新经济已并非是美国经济的专利，其深远影响及发展趋势成为

未来全球经济发展的主流形态和运行模式。

关于新经济，还有几点需要注意。

首先，企业越来越注重将价值从有形资产转移到无形资产上。企业扩张的活动越来越频繁，与旧经济时代相比，更加注重对无形资产的利用和控制，同时也更加关注无形资产所带来的价值。

例如，诺基亚曾经在手机领域相当有影响力，后来以 72 亿美元卖给微软，但其手上持有大量的专利。在诺基亚没有手机产品期间，其依靠大量的专利技术授权仍获得非常高的盈利。据统计，截至 2014 年 11 月，诺基亚的发明专利授权数量是苹果的 7 倍、HTC 的 8 倍。

早在 2011 年，诺基亚和苹果之间就发生过专利战，最终苹果向诺基亚一次性支付的赔偿金约 4.2 亿欧元。在专利战上败给诺基亚的还有同为老牌手机制造商的黑莓，2012 年，黑莓同意与诺基亚和解，并向诺基亚支付专利费用。2014 年，诺基亚与 HTC 终止专利侵权诉讼，HTC 将向诺基亚付费。还有最近的消息，诺基亚与小米签订专利授权协议。

研究机构 ValueWalk 在 2014 年曾有一项统计，包括苹果、三星、HTC、黑莓、LG、索尼、摩托罗拉、华为等近 40 家公司都需要向诺基亚缴纳专利授权费。

其次，价值从提供产品的企业转移到提供价格实惠、高度个性化产品的企业，或者能够基于问题提供整套解决方案的企业。

例如，IBM 为客户提供问题的解决方案，他们有一整套流程，可随时为客户解决各种在产品使用过程中遇到的疑难问题；又如小米，彻底颠覆智能手机的传统想象，低价格也能买到比较好的智能手机；再如尚品宅配，可以为家庭的个性化需求提供定制的家具。

最后，企业可以方便地通过数据管理来降低成本、提升效率，这也是新经济的另一个重要特性。目前不少企业都将数据驱动纳入经营计划，大数据浪潮的到来，更是催熟了这一市场。例如，生产商根据数据分析结果，展开精准生产，提高产品与市场需求的匹配度，大大降低产能浪费。通过数据分析，找到客户在哪里活跃，然后进行精准广告投放等。

二、共享经济

下面再来看新经济时代出现的分享经济，从概念上讲，它是指将社会海量、分散与闲置的资源，通过平台化、协同化的方式集聚、复用与供需匹配，有两个核心理念，一是使用而不占有，二是不使用就是浪费。

还有一种说法是，不同人或组织之间对生产资料、产品、分销渠道、处于交易或消费过程中的商品和服务的分享。

更具体的解释可以这样拆开来看：一是分享的对象，主要是闲置资源，如产品、时间、知识、资金、空间与服务等；二是实现方式，基于互联网、大数据等平台，形成供需匹配；三是实现的结果，使得闲置资源实现更高的价值。下图所示为腾讯研究院发布的分享经济开创互联网经济的新业态。

曾经在网上看到一位名叫葛元跃的人总结出了分享经济的五种驱动力和三大基石，他认为驱动力来自用户、信任、平台、数据与价值，基石由信息对称、游戏规则与共建共享构成，笔者认为是很有道理的。

先看五种驱动力。

用户驱动：分享经济由用户意愿、用户需求、用户选择、用户体验、用户价值、用户分享等因素驱动，消费者主权得到体现。

信任驱动：有信任，才可能有大规模、高品质的分享，互联网重构了连接、交互、关系和信任。

平台驱动：第三方平台的出现，解决信息不对称和资源集聚，实现供需匹配，如网约车、共享单车、共享房屋、众创空间等。

数据驱动：分析用户数据与供应商数据，进行用户画像，做出预测判断，以便实现供需匹配，如滴滴对用车需求的判断，为车辆调度、路线优化、价格调整等提供精准支持。

价值驱动：闲置资源对需求者有价值，或者说闲置资源能够为供应者创造价值，这样才会吸引越来越多的用户参与进来。

再看三大基石。

信息对称：降低信息不对称，对资源的聚集、资源配置、供需连接、用户体验带来改进。

游戏规则：规则的设计与动态调适，对大众参与分享经济模式至关重要；要求规则公平、透明与均利。

共建共享：参与者彼此依赖，与平台方共建共享；形成协同消费、协同创新。

分享经济的大潮来袭、众多力量进入，可以给消费商带来新的机遇，一方面整个社会的分享意识觉醒，越来越多的消费者接受他人的分享推荐，也会分享自己的资源；另一方面分享经济平台或者服务商们，给消费商提供了营销的窗口，大量消费商从业者可以参与进来，通过分享经济平台推广自己的产品或服务。

在金融、餐饮、空间、物流、教育、医疗、基础设施、房屋住宿等领域中，都出现了分享经济的知名公司，腾讯研究院曾发布一份《中国分享经济全景解读报告》，认为国内有 16 家估值 10 亿美元的独角兽企业，据其估算，分享经济占国内第三产业增加值比例为 3.15%。

而且该报告认为，分享经济使个人参与到社会化大生产中，促进了以创业者为主体的个体经济的崛起，形成对大众创业、万众创新的有效推动。

以下是这份报告中的一些数据，值得我们参考。

（1）参与分享经济的人口规模，我国是英美两国之和的2倍，总规模近3亿人。

（2）从分享经济参与者占总人口比重来看，中国只有22%，低于英国和美国，远远不及加拿大的39%。

（3）独角兽企业包括Uber、小米、Airbnb、Palantir、新美大、陆金所、Snapchat、Flipkart、滴滴、SpaceX、Pinterest、Dropbox、Wework等。

（4）估值超过10亿元的典型企业也超过30家，累计估值金额达675亿元，近一半集中在出行和金融共享行业。

（5）不完全统计，BAT在分享经济领域的关注点，已经从出行共享扩大到二手、专业/个人服务、教育、P2P网贷、自媒体和众包物流。

在分享经济时代，消费者基于众享理念的应用和参与，正在影响众多行业。有些行业在独享经济时代能够活得很好，但在分享经济时代可能无法打动消费者，因为消费者完全可以自己通过相互分享来满足自己的消费需求。所以，能不能从分享经济出发，设计出有效的模式，将影响企业在新环境下的竞争力打造。

第二节　共享发展红利

一百多年前，恩格斯曾说："结束牺牲一些人的利益，来满足另一些人的需要的状况，""使所有人共同享受大家创造出的福利，使社会全体成员的才能得到全面的发展。"①

---

① 中共中央马克思恩格斯列宁斯大林著作编译局. 马克思恩格斯选集（第一卷）[M]. 北京：人民出版社，1995.

在经济快速发展的今天，共享发展红利成为新的课题。在政策层面，共享发展红利在很多场合都有提到，进而影响企业的经营，影响消费商的运营。例如，政府提出让所有人能够达到共同富裕；又如企业在发展到一定程度时，从利润中拿出一定的比例，与消费者共享，让消费者通过分享、推荐与经营获得收益，何尝不是共享企业的发展红利。

共享的内容与范围必须是全面的，即能够共享经济、政治、文化、社会、生态等各方面建设成果。按照党的十八届五中全会的部署，共享发展的主要内容包括八大方面：消除贫困现象，增加公共服务供给，优先发展教育事业，促进就业创业，提高居民收入水平，完善社会保障制度，提高居民健康水平，改善居民居住条件。

共享的主体必须是全覆盖，没有歧视与偏见，即全民共享。共享发展理念提出的就是要纠正受益性不均衡的问题，如阶层之间的共享失衡、城乡之间的共享失衡、地区之间的共享失衡、行业之间的共享失衡，让每一个人都能真正共享改革发展的成果。

共享离不开共建，共建才能共享，要求坚持以人民为中心的发展思想，充分发扬民主，广泛汇聚民智，最大限度激发民力，充分调动人民积极性、主动性、创造性，形成人人参与、人人尽力、人人都有获得感的共享发展局面。

商业层面，一些企业也在努力推动红利共享，创新了众多共享模式，如唯品会等特卖电商带来的大牌优惠商品；京东、淘宝天猫等电商拉低了众多商品的价格，很多品类可能比以前实体店的便宜了 30% 以上；拼多多、聚划算等团购模式，通过需求聚合的形式，再度为团购参与者拉低了价格，创造了实惠；像淘宝客这样的消费商共享平台，用共享消费红利、分红权与分享权等形式，让消费者实现更多的消费红利。

做特卖的唯品会，在特定的时间点，以非常优惠的价格出售指定的商品，可以理解成线上的奥特莱斯，与二三线品牌合作，通过低价拿到过季款式与尾货，采用限时抢购的方式，进行快速分销。刚开始的时候，唯品会采取预付款 15% 的方式买断供货商尾货，卖不完不退货。后来掌握了更多话语权,买断尾货可以后付费,卖不完甚至可以退回去。每天都会上很多品牌,按时上新款,卖完了的商品会自动下架,用户也能一键单击"只显示有货商品",现在的唯品会已经有很多特卖品类,包括女装、鞋包、美妆、母婴、男装、户外、内衣、手表、家居、家纺、数码、家电等。

唯品会现在有一支很庞大的买手团队,在全球范围内挑选正品尖货,由于能买到一些正宗的品牌货,加上唯品会的背书,特卖价格又很实惠,因此积累了大量用户。其财报显示,唯品会2016年季度活跃用户量高达2750万人,全年活跃用户5210万人。

从买到实惠正品的角度来讲,特卖电商确实带来了共享红利,一方面,品牌商们可以消化自己的尾款与库存,拿出来给唯品会;另一方面,消费者可以买到便宜的品牌货,节省了消费支出。

京东、淘宝天猫、苏宁易购与国美连续几年的价格大战、促销战,扎扎实实地拉低了很多商品的价格,如手机、电脑、冰箱、洗衣机等。

早年的时候,一淘网曾公开过一个数据,天猫、京东商城、苏宁易购等掀起的价格战,使得3C数码家电类超过1.5万件商品的价格下降,平均降幅为20%~35%。

价格能降到这种幅度,对消费者来说自然是好事,其实也是生产商、电商平台发展到一定规模后产生的发展红利,如果公司都很小,根本无法做到几十个百分点的让利。

放心天地公司，从共享消费红利的模式入手，也在推动共享发展红利。它的模式设计里面实现了3个共享，一是不同商家之间，实现客户共享；二是共享后的客户，他们购买了任何商家的商品后所产生的利润，拿出一定的比例来共享；三是共享的客户还能分享推荐其他客户购买，产生的利润也会拿出一定的比例共享。

这就意味着，一是商家不再单纯依靠自己的商品赚取差价，可以获取客户共享产生的利润；二是消费者也能够通过自己的消费推荐他人购买，获得一定比例的佣金。

在消费端，消费者购物后能获得分红积分，这些积分可用于再次消费，并可以根据消费额继续获得分红积分，相当于一次消费，能够陆续获得积分，减少后续购物的支出。

另外，放心天地充分借鉴了分享经济的模式，消费者通过分享就能实现收入，如分享后吸引好友在商城购物，即可得分享积分；可以在商城消费，同样会获得等值分红积分。再者，推荐人还能获得因分享而产生的注册好友的广告积分赠送；而且，会员推荐供应商，将会永久获得商家产品销售奖励积分。

对供应商来讲，可以自己开通后台上传产品，用于商城展示；所有地面实体店，都可以申请成为合作伙伴，并可以在商城获得20个产品展示窗口。

在这里，不管是供应商家还是消费者，都可以通过客户共享和客户分享推荐的方式变为消费商（C），通过分享放心天地平台（B）所自动生成的二维码，展开推广，整合无数个消费者（C），并通过组织和培训消费者，熟悉和了解平台的操作模式，把自己的刚性消费拿到平台上进行消费，实现平台、供应商、消费商和消费者的共同财富分配。

放心天地服务平台为消费商提供了一个不错的展示舞台，消费商通过放心天地共享消费红利公共服务平台，可以获得较好的消费教育体验。

另外，放心天地提供相关的消费培训，如消费理财、消费创富、消费知识、消费价值观等。

第三节　从案例中看消费商与分享经济

近年来，伴随分享经济异军突起，消费商落地，一批创新创业型企业如雨后春笋般出现，从实体经济、电商经济到赋能型共享经济体，每一个领域都可能出现指数型增长的独角兽企业。滴滴（共享轿车）、Uber、Airbnb（共享民宿），以及摩拜、ofo共享单车，这些共享经济体，通过把个人或企业闲置的资产所有权和使用权进行分离，建立了非常成功的闲置资产管理和共享经济平台，而其中，同时又植入了消费商的运营模式。

以滴滴为例，一端整合大量的机动车资源，激活交通运力，其中既有专业的司机，也有兼职开车的运力，通过这种共享交通的方式，为很多司机与车主提供了创富机会，另一端吸引与整合乘客需求，聚合了大量的顾客。目前的滴滴，已经能够提供专车、快车、顺风车、代驾、巴士和试驾业务。

在消费者运营方面，滴滴通过大量补贴及强大的营销力度、城市覆盖范围、与快的合并等，实现了龙头老大地位的占领，2015年，滴滴全平台订单总量达到14.3亿元，2016年，用户量高达2.5亿人。

据统计，从2016年6月到2017年6月，在滴滴平台获得过收入的司机或车主，总数达2108万，相当于2016年全国第三产业就业人员的6.2%。滴滴平台每天直接为264万司机提供人均超过170元的收入。

再看金融领域，长期存在需求供给不匹配现象，而共享金融模式通过现代信息技术平台，实现资金供求双方的直接交易，一方面拓展中小微企业融资空间，解决中小微企业的融资难问题；另一方面，拓宽居民的投资渠道，力争让每一个人在有需求的时候，都能以合适的价格享受到适合的金融服务。

值得关注的是，一些金融机构也开始引进消费商运营策略，比如由重庆百货、阳光保险集团、重庆银行、浙江中国小商品城、北京物美商业集团联合投资的马上消费金融，2017推出了"马上有钱联盟"，用户可以注册成为该平台的会员，按要求提交资料，通过审核后，即可获得该平台的金融产品销售授权，成为马上消费金融的合作方。

合作方借助自有渠道展开金融产品的推广，如果有用户通过合作方的推广链接访问马上消费金融的平台，并申请贷款，在用户贷款申请获得审批后，合作方就能拿到佣金。

"买商品上淘宝，买服务到猪八戒网"，说的就是一个知识技能领域的分享平台，一端整合大量的知识技能提供者，如设计师、软件开发师、文案、创意人等，另一端吸引购买者，可以在平台上发布需求，挑选满意的竞标者。

猪八戒网是较早的一家知识技能共享平台，早年开始佣金制，每次交易收20%的交易佣金，后来根据会员等级采用不同佣金的标准。2015年又免去用户佣金，放弃了每年6000余万元的交易佣金，将实惠留给雇主与服务商，完全依靠延伸服务来赚钱。

现在的猪八戒网，积累了包括机构和个人在内的1000多万家服务商，同时建立起了拥有3000万件原创作品规模的数据库。这个平台帮助不少个体与中小微的服务商实现了创富，一些购买者同时可能是服务商，一些服务商也会在猪八戒的平台上购买所需要的服务。

"春雨医生"平台利用分享经济思维，发掘医生碎片化时间的价值，通过互联网把医生资源分享到全国各地，服务更多患者。前段时间的公开数据显示，"春雨医生"平台已有40万医生"开门诊"。

再看一个案例，广州某公司推出了一套消费商商业模式，目前运营得还不错。它的做法是，通过特有的利润分享机制和异业联盟体系，实现个人资源、商户跨界经营等收益转化；平台汇集社区周边熟悉的商户资源和个人资源，营造社区多元化便捷服务生态圈，构筑了平台、商家和消费者的利益共同体关系，是消费商＋共享经济与平台经济的一种创新尝试。在该消费商共享模式里，有以下几种设计特色。

引入推广来源跟踪系统：每一位新用户在注册时，可以填写"注册邀请来源"。注册成功后，该新用户与注册邀请来源之间就存在了分享引入的关系，便于掌握各种数据。该用户在平台上的所有消费，都将产生相应的"O2O平台分佣"。每一笔分佣里，都将按一定的比例，分配给其"注册邀请人或者机构"。引入的人可以是购买商品的用户分享，也可以是入驻商家的分享。虽然有引入制度，但它没有层级，在遵守相关法律法规的前提下做了合理的限制。

合伙制度：花一定费用购买商家入驻的电子邀请码，成为码主，通过这个码绑定一家商户，这样就能与平台一起分享该商户创造业务收入分红。当然，这个需要商户去沟通与邀请，成功入驻后才能创造收益。

赋能商家：平台会采用多种办法给商家带来客源；入驻后，商家将获得平台业务商家操作后台，相当于一个简易"进销存"管理软件，可帮助商家更有效的对采购、支出、收入、顾客消费、物流服务等进行有序数据分析和内部管理。所以，这一点很关键，有些平台采取拉人头的方式获利，商家卖不出东西，该公司的运营核心放在了促动销售上，而不是生硬地拉人头，比较符合引进人力资本的消费商要素。

客观来讲，该公司的这套共享经济模式有助于解决以下几个问题：第一，做到了多渠道营销，解决了门店在哪里卖的问题；第二，实现了线上线下的融合互动，解决了怎么卖的问题；第三，通过平台的大数据分析，清楚地告诉了门店它的产品要卖给谁；第四，做到了产业链协同，解决了门店产品放在网上谁去卖的问题；第五，把消费者变成消费商，实现商户跨界收益、让参与者共同分享利润。

千百年来商家追求的是利润，利润来自源源不断的客户。所以即便有了会员卡、价格战、优惠活动等，也不能保证客户永远忠诚。该模式在客户忠诚度方面做了一些工作，通过吸引消费者注册使用平台，从而持续获得消费回报，在确保产品质量的基础上，提高客户黏性。

同时，商家入驻该平台后，可引导客户在商家注册成为平台用户，该用户在平台产生的消费都与商家有着密切的关系，用户今后在平台里所有的消费，商家都能得到相应折扣差利润共享，使得商家实现"跨界收入"。

在国外，分享经济的情况又是怎样的呢？

美国的 RelayRides 抱有这样一个远景，"让汽车分享成为我们交通系统中寻常的一部分，这样就可以减少个人对购车的依赖，从而减少汽车的数量"。

像许多优秀的创业企业一样，RelayRides 创办的原因也是创始人曾经遇到过某个类似问题。事情的经过是这样的：有一次，波士顿下了一场非常大的暴风雪，Shelby Clark 骑着自行车想要赶往最近的租车行，而在路上，他发现周围有那么多闲置的私家车可以借用。一年半以后，他就创办了 RelayRides。

RelayRides 是一个将需要租车的人和希望把自己的车按小时出租的人联系起来的平台。当租车者找到了想要的车之后，并不需要拿到钥匙，可以用智能手机来预订、定位和解锁装有 OnStar 安吉星的汽车。目前，车上会有一个装置来控制车门和引擎。

对于那些不想承担汽车维护或者各种其他高额费用，而且不是一直都需要车的人来说，这个方法还算不错。据 RelayRides 计算，拥有一辆私家车的费用大约为 715 美元，而对于那些仅仅租车的 RelayRides 会员而言，只需 100 美元。

对于出租人来说，这是一个兼职创收的办法。平均而言，一个出租人每个月可以挣得 250 美元，而且马路上将因此平均减少 15 辆汽车，减少了大气污染。

2008 年之前，总部位于美国旧金山的 Airbnb，还被硅谷风投认为是痴人说梦的计划。在 Airbnb，人们可以发布和预订世界各地的独特房源。无论旅行者想在公寓里住一个晚上，或在城堡里待一个星期，或在别墅住上一个月，在 Airbnb 都可以找到合适的房源。

在成为媒体竞相追逐的 Airbnb 联合创始人之前，内森·布莱卡斯亚克与大多数生活在硅谷的 IT 宅男一样，是个有天赋的程序员。那时候，还没有预见到 Airbnb 日后的风光，这个 IT 青年当时负债累累。

2008 年 8 月，Airbnb 正式上线。最初人们认为，陌生人进入陌生人的家，这很酷，其实也不太放心，有些人喜欢这种方式，但不会普遍化，更不会形成一个市场。因此公司发展前期非常艰难，几近破产。后来他们靠推销一种名为"奥巴马"的麦片而赚到 3 万美元，并引起孵化机构 Y Combinator 创始人保罗·格雷厄姆的注意，得以加入该机构进行孵化。

2009 年，几位创始人见到了红杉资本的格雷格·麦克杜。几天后，麦克杜向 Airbnb 投资了 60 万美元。麦克杜当然清楚，Airbnb 的盈利模式是比较清晰的，每笔房子的成交额中，会向房东收取 3% 的服务费，向房客收取 6% ~ 12% 的服务费。

红杉之后，许多硅谷投资人跟投。2011 年，由安德森·霍洛维茨领投，DST 和亚马逊 CEO 杰夫·贝索斯参与的融资中，Airbnb 募到 1.12 亿美元。第二年，它在 C 轮融资中募资 2 亿美元，公司全估值上升到 25 亿美元。

Airbnb 在世界各地雇佣自由摄影师，去拍摄当地登记的房源，并验证房源的真实性，现在有两三千名的签约摄影师散布各地，当然，Airbnb 需要为这些照片付费。

BlaBlaCar 是一家总部位于法国的创业平台，它的模式在很多方面均不同于其他拼车分享公司，可以说是长途拼车领域的 Airbnb，通过帮助车主出租闲置的座位赚钱，从中收取 10% 的分成，相应的旅客也可以采用更便宜的方式来出行。

与 Uber、Lyft 和 Sidecar 等企业不同，BlaBlaCar 并不需要车主成为全职或是兼职司机，用户只要使用 BlaBlaCar 的服务找到另一个有同样出行计划的车主，有偿搭车即可。

用户使用 BlaBlaCar 时，通常旅程在 322 千米左右，收费为 20 美元。用户使用 BlaBlaCar 预订车内座位，其流程与定火车票类似。在 BlaBlaCar 上分享车内座位的司机也并不是为了赚钱，而是为了找人平摊旅行的交通开销。目前，BlaBlaCar 在十几个国家提供服务，主要集中在欧洲，有近千万用户，活跃用户在百万左右。

即使只是在欧洲，BlaBlaCar 也会遇到当地竞争者，如在德国本土的拼车公司 Carpooling 也非常厉害。另外，依靠在伦敦、马德里、米兰、莫斯科、华沙等地开设办公室及并购小公司，BlaBlaCar 在欧洲开疆扩土。

有"共享经济鼻祖"之称的罗宾·蔡斯（Robin Chase）在 2015 年腾讯财经年会上指出，个体和组织的有利结合，可以让每个个体聚集在组织的平台上，产生更大的力量，同时组织也实现了对规模效应的要求。

蔡斯是汽车共享公司 Zipcar、无线网络连接公司 Veniam、P2P 汽车租赁公司 Buzzcar 及拼车网 GoLoco 的联合创始人。她与安特耶·丹尼尔斯（Antje Danielson）共同创办的互联网租车平台 Zipcar 是目前美国最大最成功的分时租赁互联网平台。

罗宾·蔡斯认为，Zipcar 取得成功主要包括以下三大方面的原因。

首先是利用额外的资源。目前，汽车消费主要存在两种方式：一种是自己购买汽车，在美国购买一辆汽车大概需要 9000 美元，为家庭收入的 15%，但是 95% 的时间车辆都处于闲置状态，因此自身购买汽车是非常昂贵的消费方式；另一种是租车，但是传统意义上的租车时间很长，消费者需要支付额外的租车时间。Zipcar 只需要支付使用期间的费用。

其次，区别于传统的到店租车，省去中间环节的 Zipcar，让租车这件事能够在短短的几秒钟就可以完成，效率很高，也比较方便。

最后，Zipcar和会员之间的关系被定义为合作伙伴关系，即消费者被视为核心价值创造者，由他们决定是否租用车辆、是否对车辆进行加油、在哪些地方停车。体现了消费者主权，与消费商主张暗合。

罗宾·蔡斯说："共享经济有三个要素，一是过剩产能，二是参与的平台，三是不同个体的参与。为什么是这三个构成要素呢？因为平台可以汇聚过剩产能的价值，再加上很多人的参与，会带来快速的放大和成长，以及很多革新，这样一来，产品会变得定制化、专业化。

举两个例子，如滴滴。滴滴是汇聚了私家车及私家车主的空余时间所潜藏的过剩产能。有了一个参与的平台，分散在中国各个城市的空闲私家车主，就足以提供的士服务，目前已经遍布全国380个大中小城市了。滴滴的成功，就需要这3个要素。

再如阿里巴巴，它只是搭建了平台，并没有生产商品。各种公司、工厂生产商品，然后汇聚到平台上交易。也就是说，阿里巴巴可以提供成千上万种它本身并不生产的商品。

蔡斯说："所有这些案例，我称它们为'Peers Inc'（共享经济），是因为它是群体的汇集，然后再借助平台发力。个人或者小的实体做到用户化、专业化和本土化非常容易，平台则赋予这些个人或小的实体以巨大的力量，做一些精细化的工作，如信用担保、支付系统、客户交流等。这些恰好是个人或小的实体难以做到的，通过合作可以使得双方互利发展。"

蔡斯认为："在从工业资本主义转移出来的过程中，我们已经非常清楚地意识到哪些事情该做，哪些事情不该做。在互联网时代，个体和公司的界限已经变得非常模糊。"

蔡斯称"人人共享组织是一个协作体"，通过这个协作体，人类可以对抗物理法则，如利用平台组织释放过剩产能、个体借助现有资产联合投资。

对一个公司来说，要更多地关注公司本身，关注用户、服务提供方，努力发现未被挖掘的价值和有趣的技能,全面来看,发现额外的价值。

当你创建了平台,找到了过剩产能,然后慢慢接触,从小的、简单的地方开始着手,不断学习,改善平台。有一天,它会成长为一个好的平台——人们需要这样的服务,可以把复杂的事情变成简单的服务,而且可以提供价值。这样一来人们就会想要参与其中。这是一个厚积薄发的过程,一旦找到了,你就会惊叹,这个事情太简单了,我很喜欢,我要做!不过这需要时间,并不是一拍脑袋就能想出来的。需要不停地试验,不停地做大众化的试验,根据大家的反馈再来改进。一个大公司,往往是这样起步的。要给公司的员工们设置一个挑战,那就是把公司的问题摆出来,然后听取所有员工的意见和建议,每个人都要创造性地参与其中,而不只是听取专门负责创新创意工作人员的声音。还有一种做法,是从公司外部寻求,重金悬赏。

美国共享车位平台 JustPark 的创始人安东尼·埃斯基纳齐,在最初设想建立一个共享车位的网站时,完全没有想到这个由自己一时兴起建立起来的线上平台,会在如此短的时间内对美国社会产生如此巨大的影响。

2006年的一个冬天,安东尼想在旧金山的巨人体育场观看棒球比赛,就遇到了这样尴尬的情形,在寻找车位的时间里,他错过了棒球赛的精彩开场。事后,安东尼突发奇想:如果这些停车位能够出租该多好。于是他建立了一个名为线上停车服务公司 ParkatmyHouse 的网站,让业主能够在网上出租自己的车位。

后来,ParkatmyHouse 更名为 JustPark,安东尼也从任职的律师事务所辞职,认真经营 JustPark。共享经济一向都是这样,来得快,传播迅速,一旦被大众接受并认可,就会像病毒一样被传播出去。安东尼在公司最初开始运营的时候,每天工作超过18个小时,奔走在10个不同的场合,累到虚脱。

宝马公司看上了安东尼的项目,派人乘飞机来跟他见面。紧接着安东尼跟宝马公司就投资意向书进行了为期几周的谈判,其中创业投资基金为1亿美元。

如今的 JustPark 已经是全球在线预订停车位市场上的领头羊了，也是世界上最大的共享经济企业之一。

2017 年 6 月，国务院常务工作会议部署促进分享经济发展事宜，明确要求各地方、各部门要顺势而为，不要仍用"老办法"去管制"新业态"。此次八部门联合发布细化的指导性意见，进一步明确了"鼓励创新、包容审慎"的监管原则，强调发展与监管并重，要深入推进简政放权、放管结合、优化服务改革，消除体制机制障碍，降低市场准入门槛，支持和引导各类市场主体积极探索分享经济新业态新模式。面对新经济、新业态，不能再以旧眼光、老标准来衡量思考，必须创新管理，跟上时代发展进步的脚步，树立正确、科学的监管态度。

对于各类市场主体来说，这是政府发出的明确鼓励信号，有助于增强企业参与分享经济发展的信心，促进各类新经济、新业态蓬勃发展。

从政策层面来讲，指引其实已经很明确，2017 年 7 月，国家发展和改革委员会网站专门印发了《关于促进分享经济发展的指导性意见》，其中提到了众多关键性的促进条款，比如要求落实好"鼓励创新、包容审慎"的监管原则；提出避免用旧办法管制新业态，要求清理规范制约分享经济发展的行政许可、商事登记等事项，进一步取消或放宽资源提供者市场准入条件限制等。

另外，这份指导意见里强调了推动政府部门数据共享、公共数据资源开放、公共服务资源分享，增加公共服务供给，提升服务效率，降低服务成本。同时强调了鼓励和引导分享经济企业开展有效有序竞争，并且提出按程序及时调整不适应分享经济发展和管理的法律法规与政策规定。

这对创新型消费商的发展来讲，可能意味着新机会的到来。很多创新的消费商模式，以分享经济特征出现的，将有更多机会在更宽容的环境下落地。